AF410999

A AIX, Chez Joseph David. Imprimeur du Roy & de la Ville.

REPONSE

DE LA DEMOISELLE CADIERE

A la seconde Partie du second Mémoire du Pere Girard.

RIEN n'est plus ridicule que l'ordre que les Jesuites ont gardé dans cette défense de leur Confrere ; ils ont déja fait un Chap. dans la premiere Partie, intitulé, *qu'il n'y a point eu de collusion entre le P. Girard & la Cadiere.* Et ici ils commencent la seconde Partie par un autre chap. intitulé : *Réponse aux raisons qu'on apporte, que le P. Girard étoit d'intelligence avec la Cadiere.* C'est en jetant par tout le mensonge & la confusion, qu'ils tentent de répandre quelque obscurité sur les crimes trop clairs de ce Jesuite ; mais comme ils ne font presque que repeter ici les mêmes raisons, nous les renvoyons à la Réponse que nous avons faite à ce Chap. de la premiere Partie, où nous avons fait voir que tout ce qu'il y avoit ici d'extraordinaire, procedoit de l'obsession ou du Quiétisme, dont il avoit une parfaite connoissance, & dont il étoit l'Auteur ; & que c'est à la faveur de tous ces prestiges, & des pernicieuses maximes du Quiétisme, qu'il avoit séduit cette infortunée Penitente. Nous n'ajoûterons ici que quelques briéves reflexions, sur de nouveaux pretextes qu'ils ont employez dans ce chapitre.

Les Jesuites veulent d'abord persuader que le Memoire de ce Carême, qui contient les visions & revelations de la D. Cadiere, a été composé par son frere le Dominicain, & qu'il en a tracé le dessein sur le Livre intitulé : *Les vies & actions memorables des Saints & Saintes du Tiers Ordre,* &c. qu'ils prétendent n'être que dans la Biblioteque des Jacobins.

Dans tous les tems, la méthode des Jesuites a été de relancer leurs fautes sur les autres. Cette méthode, si conforme à leurs maximes, leur paroît trop commode pour pouvoir s'en départir ; & c'est-là le seul fondement de la mauvaise objection que nous détruisons. Pour en montrer la fausseté, il suffit de faire quelques courtes reflexions.

La premiere se tire de ce que le Livre qu'ils veulent ne se trouver que dans la Biblioteque des Dominicains, est non seulement dans toutes les autres, & sur tout dans celles des Jesuites, qui sont si nombreuses ; mais encore il est certain qu'il n'y a que les Jesuites qui sçachent bien, & qui pratiquent tous les traits de misticité, qui peuvent être dans ce Livre, & dans les autres de pareille nature. Le détail qu'ils en font ici, prouve bien que ce Livre ne leur est pas inconnu ; le moindre Frere Laï des Jesuites, en est plus instruit que le plus sçavant Dominicain ; en effet, on ne voit pas que les Thomistes, ni leurs Dévotes, se mêlent de ces sortes de misticitez.

A

La seconde, se tire de ce que ce n'est pas ce Livre qui est comme l'original des visions & revelations de la D. Cadiere, mais bien la vie de Marie Alacoque. Les Jesuites, à qui le mensonge ne coûte rien, soûtiennent qu'ils ont parcouru tout ce Livre, & qu'ils n'y ont trouvé aucunes visions ni revelations, semblables à celles contenuës dans le Memoire du Carême de la D. Cadiere; le Soussigné assure pourtant de les y avoir toutes trouvées, dans la verification qu'il en avoit faite au commencement de ce Procès : s'il en avoit le loisir, il en indiqueroit les pages, mais pour confondre les Jesuites, on montrera ce Livre à Messieurs les Juges, & on marquera les endroits où se trouvent la plûpart de ces visions. N'en trouve-t-on pas une preuve formelle dans le Memoire que l'Accusé avoit fait faire à la Querellante, au sujet de la Sœur de Remusat, qu'il a produit au Procès, où elle met la Sœur Remusat dans le même degré de gloire que sa Sœur Marie Alacoque ? Tout cela étoit pour alonger le Calendrier Jesuitique. Aussi ces Peres convaincus de la conformité de ces Visions avec celles de Marie Alacoque, se retranchent à soûtenir que cet Ouvrage n'avoit pas encore paru lors de ce Carême ; mais outre que le modele & l'original primordial sont dans les plus anciens Registres de la Societé ; qui ne sçait qu'il a été fait plus que d'une impression de cet ouvrage, & que la premiere avoit déja paru ? L'Accusé peut-il nier qu'il n'eût fait faire à la Sœur Remusat, un Carême tout semblable à celui de la Querellante, qu'il avoit fait lire, étudier & méditer à celle-ci si long-tems, & qu'elle ne lui rendît qu'au mois de May 1730. avec près de 100. Lettres de la Sœur Remusat qu'il lui avoit aussi prêtées ? Il est saisi de ce Carême de la Sœur de Remusat, nous l'interpellons de le representer, & l'on verra qu'il est conforme à celui de la D. Cadiere; de sorte que l'obsession, le Quiétisme, & la meditation du Carême de la Sœur Remusat, sont les seules causes qui ont produit celui de la Querellante.

La troisiéme, qui ne permet pas d'attribuer au P. Cadiere la composition du Carême dont il s'agit, c'est qu'il est prouvé par le témoignage de plusieurs Religieuses du Couvent Sainte Claire d'Ollioules, & sur tout par celui des Dames de Lescot & de Reimbaud, 20. & 22. témoins dans leur recolement, que la D. Cadiere avoit dicté à son frere le Jacobin, le Carême & ses Lettres, & que celui-ci n'avoit fait que prêter sa main. On a glosé sur ce qu'elles ne l'avoient pas dit dans leurs dépositions, sans faire reflexion d'une part que l'Official, par un effet de sa partialité, qui a si fort éclaté dans cette Procedure, en redigeant les dépositions, en avoit retranché plusieurs faits essentiels ; & que de l'autre, il est si naturel d'ajoûter ou de diminuer dans le recolement, que non-seulement l'Ordonnance le permet expressement, mais même on peut dire qu'il n'est fait que pour cela.

La derniere reflexion qui ne permet pas d'attribuer au P. Cadiere l'invention de ce Carême, ni de contester les faits extraordinaires, & les revelations qui y sont contenuës, est tirée de ce que d'un côté il est convenu qu'il n'a écrit ce Carême que dans le tems que sa Sœur étoit au Couvent, & même dans le mois d'Août, comme les Lettres produites au Procès le prouvent, & qu'alors toutes ces visions, tous ces faits, s'étoient déja passez depuis assez long-tems ; & que de l'autre, le P. Girard convient par ses Réponses, de la verité de tous ces faits extraordinaires & de ces visions ; qu'il avoit été le témoin de ces premiers, & qu'elle lui avoit raconté les autres à mesure qu'elle les avoit eu. Enfin la conformité qu'il y a entre le Mémoire écrit par le P. Cadiere, & celui fait par la Dame de Lescot de l'ordre de l'Accusé, qui ne contient que des faits dont elle a été témoin oculaire, produit par ce dernier, ne suffiroit-elle pas pour saper tous ses mauvais pretextes ? C'est pour cela qu'il n'a eu garde de faire imprimer ce dernier Mémoire.

Ce qu'il y a ici de plus singulier, c'est de voir que l'Accusé, qui dans la premiere partie de son Mémoire, a soûtenu que ces faits extraordinaires étoient faux & impossibles, & n'étoient qu'un effet de la fourberie de la D. Cadiere, prouve ici qu'on en trouve des plus extraordinaires dans des Livres non suspects, & si l'accusation des crimes dont il est chargé ne l'en avoit pas empêché, il en auroit prouvé la verité, & même la sainteté, comme il avoit fait auparavant.

Le Querellé a la mauvaise foy de contester le fait du transport de la moitié de l'Hostie & la verité de la réponse qu'il fit à ce sujet , sous pretexte 1°. que les Dames de Lescot & de Reimbaud n'ont dit ce fait que dans leur confrontation avec la Cadiere ; 2°. que c'est là un fait singulier ; 3°. qu'elles disent de l'avoir oüi dire à la Dame de Beaussier la cadette qui ne dit rien de pareil ; 4°. que la Dame de Guerin qui dépose aussi ce fait , ne dit pas de l'avoir oüi dire au P. Girard, mais à la Dame de Baussier ; 5°. qu'il assûre avoir apris que la D. Cadiere avoit dit à des Religieuses avoir communié dans son lit, & qu'aparemment au lieu de deposer de l'avoir oüi dire à cette Fille , elles ont déposé de le lui avoir oüi dire à lui.

Quoi de plus foible, ni même de plus ridicule que de pareils pretextes pour détruire un fait si relevant & si essentiel : car 1°. quoique les Dames de Lescot & de Reimbaud n'ayant déclaré ce fait que lors de leur confrontation avec la D. Cadiere , & sur l'interpellation de celle-ci, la preuve en est - elle moins légitime , & si ce que les Témoins declarent lors de la confrontation sur l'interpellation d'un accusé , ne devoit pas faire foi , l'Ordonnance auroit-elle fait un devoir aux Juges d'interpeller les Témoins d'expliquer des faits à la requisition du delat ?

2°. Quelque extraordinaire que puisse paroître ce fait , dès qu'il est prouvé par trois Témoins irreprochables,peut-on se dispenser d'avoir égard à la preuve ? est - ce là le seul fait extraordinaire qu'on trouve dans ce procès qui en est un tissu continuel.

3°. Si la Dame de Beaussier la cadette , à qui ces deux Religieuses l'ont oüi dire , ne l'a pas declaré, c'est parce qu'elle avoit été doublement subornée ; premierement par le P. Aubani , comme il est prouvé par les dépositions raportées à la pag. 3. de nôtre Analise , & ensuite par la Lettre que l'Accusé lui avoit fait écrire par la D. de Cogolin ; & le temoignage des Dames de Lescot & de Reimbaud n'est - il pas soutenu par celui de la Dame de Guerin , qui étoit presente lorsque le P. Girard fit cette réponse , qui l'ayant oüi , puise dans ses propres sens la certitude de sa déposition ?

Enfin ce dernier pretexte n'est il pas bien ridicule ? la Cadiere dit-on , avoit dit à ces Religieuses qu'elle avoit communié dans son lit : aparemment qu'elles confondirent ce qu'elle leur avoit dit , avec ce que leur avoit pû dire P. Girard lors qu'elles lui aprirent que cette fille avoit paru communier dans son extase; n'est-ce pas là un raisonnement tout Jesuitique ? & si cette belle methode étoit autorisée , ne trouveroit-on pas l'art de renverser les procedures les plus graves ? le fait est personnel au P. Girard ; c'est lui qui a fait cette réponse , qui a dit que son bon Ange l'avoit averti en disant la messe à Toulon, de tout ce qui se passoit en la personne de sa Penitente; qu'il l'avoit communiée ; qu'il y avoit des communions par transport ; qui en entrant dans sa chambre lui dit:ha petite gourmande viendrez-vous toûjours prendre la moitié de la portion de vôtre pere ? peut - on changer tous ces faits , & leur substituer celui d'un oüi dire à la Cadiere, qu'elle avoit communié dans son lit ? d'ailleurs ce n'est pas la Cadiere,qui avoit dit d'avoir communié dans son lit,ce sont plusieurs Religieuses qui disent de l'avoir vû non seulement ce jour-là , mais encore plusieurs autres-fois , comme nous l'avons prouvé à la page 5. de nôtre Précis.

SUR L'ENCHANTEMENT ET AUTRES FAITS EXTRAORDINAIRES.

Refutation de la réponse du Pere Girard , aux raisons qui lui avoient été opposées.

Il n'est personne qui ait lû les deux premiers Mémoires de la Cadiere , qui contiennent le détail & les preuves de tant de faits d'Enchantement ou de Quiétisme si extraordinaires , qui en voyant la reponse que les Jesuites y font ici ne soit persuadé qu'ils sont accablés par l'évidence de la conviction , & que c'est ici de leur part la plus pitoyable deffense qu'on puisse proposer. En effet, quelle refutation font-ils ici d'aucun de ces faits, ni des preuves qui les constatent ? Ils se reduisent seulement à dire 1o. qu'il y a ici de la contrarieté dans les differens fiftêmes des freres Cadiere & de leur fœur : 2o. qu'il n'y a point de preuve que le Pere Girard eût jetté la Querelante dans l'Obfeffion.

3o. Que cette Obfeffion avoit fini à la mort de la Sœur de Remufat, & qu'ainfi on ne peut pas attribuer à l'Obfeffion tous les faits extraordinaires arrivez pofterieurement ; qu'un état de graces & de faveur avoit fuccedé à celui-là , & qu'enfin tous les faits de la Laugier qu'on attribuë à fon Obfeffion, ne procedoient que des vapeurs. Voilà à quoi fe reduit tout ce qu'on a oppofé pour détruire l'enchantement & les autres faits extraordinaires ; fut-il jamais une deffenfe plus vaine ni plus frivole que celle-là ?

Car 1o. la contrarieté qu'on impute fur ce point aux freres Cadiere & à leur Sœur, n'eft que dans l'imagination des Jefuites,& il n'eft perfonne qui ait lû les Mémoires de ces premiers qui puiffe penfer comme ces Peres.

2o. N'avons-nous pas prouvé invinciblement par tous nos precedens Mémoires , & fur tout par nôtre Précis au chap. de l'Enchantement , d'une part , la verité de tous ces faits extraordinaires , & qu'ils ne procedoient que de l'Obfeffion ou du Quiétifme , & n'en avons-nous pas puifé les principales preuves dans les Lettres , & les Aveus mêmes de L'Accufé ; & de l'autre , que c'eft le P. Girard qui avoit jetté dans cette Obfeffion la Demoif. Cadiere, & 7. à 8. autres de fes Penitentes, comme nous l'avons montré à la page 7. du même Précis , par des raifons replique.

3o. N'avons-nous pas prouvé , tant dans nôtre Précis page 2. que dans nôtre Réponfe à la feconde deffenfe de l'Accufé dans ce Mémoire , & cela par les Lettres mêmes du Querellé, que l'Obfeffion de la D. Cadiere n'avoit pas fini à la mort de la Sœur de Remufat ; qu'il ne l'avoit perfuadé fauffement à la Querelante que pour decorer d'un miracle fon ancienne Penitente , & qu'elle a continué jufques au 17. Novembre ; ainfi tous les faits extraordinaires qui font arrivez après la mort de la Sœur de Remufat , font encore les effets de l'Obfeffion , à la referve de ceux qui procedoient du Quiétifme.

Enfin les Jefuites veulent perfuader que ce qu'on regarde comme des accidens d'Obfeffion dans la Laugier , n'étoit que des vapeurs, comme il eft prouvé , dit-on , par la dépofition de fa mere & du Chirurgien qui l'avoit traitée durant fa maladie; que fi elle avoit dit des folies , & parlé du diable , cela n'étoit arrivé précifément qu'après s'ètre échauffée l'imagination en foignant pendant deux mois la Cadiere, pendant fa prétenduë Obfeffion; qu'il ne faut pour cela qu'entendre l'addition qu'a faite Magdelaine Allemand dans fon recolement , & que rien ne prouve mieux que tous les difcours de la Laugier , fur le diable & fur fa groffeffe , font des rêves d'une malade qui étoit actuellement dans le délire d'une fievre ardente; & enfin on réduit les vifites qu'il avoit faites à la Laugier, à 2. ou 3.

Nous montrerons dans le chapitre de l'Incefte fpirituel , l'erreur de calcul faite fur le nombre des vifites; & puifqu'il ne s'agit ici que de l'Obfeffion, c'eft à cela que nous bornons nôtre Réponfe.

1o. Les Jefuites font bien peu d'honneur à la MAÎTRESSE d'un de leurs Confreres, en la donnant ici pour une Garde qui eût fervi la D. Cadiere pendant fes incommoditez , & en voulant qu'elle eût fait fon Noviciat fur les difcours de diableries, pendant le Carème que cette premiere avoit paffé quelques jours avec elle : fans faire reflexion qu'aucun Témoin de la Procedure, pas même leurs faux Témoins produits fous le nom du Promoteur, ne met de pareils difcours dans la bouche de la Querelante pendant fes accidens.

2o. Les Témoins qu'ils employent pour prouver que la Laugier n'avoit que des vapeurs, font François Robion Chirurgien. 75. Témoin, & Magdelaine Toulon , mere de la Laugier, qui ne peuvent faire ici aucune foi , foit parce que ce font-là deux faux Témoins produits par le Promoteur, foit parce que ce Robion eft le Chirurgien actuel de la Maifon des Jefuites de Toulon ; on ne penfe pas qu'on ofe le nier, puifque cela eft fi notoire , & qu'il feroit fi facile de le prouver ; & la mere de la Laugier, eft une femme qui leur eft abfolument dévoüée ; voilà certes des Témoins bien dignes de foi.

En

En second lieu, ce Chirurgien ne dit pas d'avoir traité la Laugier dans sa maladie, il dit seulement qu'un jour qu'elle s'étoit trouvée mal dans l'Eglise des Jesuites, elle fut se reposer chez lui, qu'elle y eut des convulsions, des vomissemens & des évanoüissemens, qu'il crut proceder de passions isteriques ; qu'il lui donna quelque remede, qui les lui fit passer dans 2. ou 3. heures. C'est ainsi que les Jesuites se font un devoir de combattre par tout la verité, en disant que ce Chirurgien l'avoit traitée pendant sa maladie ; d'ailleurs l'accident qu'elle eut alors, est bien different de ces accidens dont la Procedure fait une si horrible peinture.

Quant à la mere de la Laugier, nous l'avons si bien convaincuë de fausseté sur tous les articles de sa déposition, par l'analyse que nous en avons faite à la pag. 25. qu'on n'y sçauroit ajoûter la moindre croyance ; puisque c'est une maxime certaine, qu'un témoin convaincu de faux sur quelque article essentiel, est réputé faux sur tous les autres, *testis in parte falsus, in totum reputatur falsus.*

Enfin, n'avons-nous pas prouvé par une foule de témoins irreprochables, dont les dépositions sont raportées à la pag. 30. & 31. de nôtre premier Memoire, & rapellées à la fin de la page 6. de nôtre Précis, au commencement de la page 7. que la Laugier étoit, & est encore veritablement obsedée, & que ses accidens d'obsession sont les plus extraordinaires, & les plus caracterisez ; & que pendant leur violence, elle mordoit-même le Crucifix, & y crachoit dessus, & appelloit toûjours ce diable de Pere Recteur qui l'a mise dans ces états.

Au surplus, l'addition faite par Magdelaine Allemande dans son récolement, soûtenue par d'autres dépositions, que la Laugier avoit dit que le P. Girard avoit abusé d'elle, & qu'elle en étoit grosse ; bien loin de détruire la realité de l'obsession, elle forme la matiere d'un autre crime, comme nous le montrerons dans le chapitre de l'Inceste spirituel, où nous ferons voir qu'il avoit tenu à l'égard de la Laugier, la même conduite que celle qu'il avoit gardée à l'égard de la D. Cadiere.

SUR LE QUIETISME.

Refutation de la Réponse du Pere Girard.

Les Jesuites disent qu'ils pourroient se borner à ce qu'ils avoient dit sur ce sujet dans leur premier Mémoire, parce que la réponse que nous y avons faite, laisse subsister en leur entier toutes les raisons qu'ils avoient apportées, pour faire sentir le ridicule d'une pareille accusation ; que tout ce que nous avons opposé de nouveau est l'exemple de Molinos, & la condamnation de ses erreurs par la Bulle d'Innocent XI. mais que nous n'avons eu garde de dire que ce fût principalement aux poursuites du Pere Segneri Jesuite, si connu par ses ouvrages de pieté, que Molinos fut condamné.

Cette ridicule deffense ne pourra trouver créance que chez des gens qui n'auront jamais lû nos Memoires, car ceux qui en auront fait la plus legere lecture, conviendront sans peine que nôtre premier Memoire avoit établi ce chef d'accusation d'une maniere assez precise & assez nette, tant pour le point de droit que pour le point de fait & pour les preuves ; que la reponse que les Jesuites y ont faite par leur premier Memoire, est si foible qu'on diroit qu'elle part d'une main qui a à peine la moindre teinture de ces matieres, & que la refutation que nous en avons faite par nôtre second memoire, nous persuadoit qu'ils auroient de la peine à s'avoüer les auteurs de la reponse faite au nom de l'Accusé ; cependant ils disent ici avec confiance, que nôtre second Memoire laisse subsister dans leur entier, toutes les raisons qu'ils avoient employées pour detruire ce chef d'accusation ; laissons les dans cette heureuse prevention où ils font semblant d'être ; il n'est pas à craindre qu'elle se repande plus loin.

Si la qualité de la cause n'y a pas determiné les Jesuites, il y a beaucoup de vanité de leur part de vouloir attribuer à leur Pere Segneri la gloire de la condamnation des erreurs de Molinos. Il est vrai que ce Jesuite dans son livre de la contemplation, avoit écrit contre les ouvrages de cet heretique ; en cela il n'avoit fait que suivre l'exemple de tant d'autres plumes de tous les differens Ordres, qui s'étoient élevées contre la doctrine de ce chef des Quietistes ; mais chacun sçait que la gloire de la condamnation des erreurs de Molinos, est dûë à Loüis le Grand, à ce Fils ainé de l'Eglise, si zelé pour la pureté de ses dogmes, & que c'est par les remontrances qu'il fit faire à Innocent XI. par le Cardinal d'Estrées, que Molinos fût livré au Tribunal de l'Inquisition, & que la Bule d'Innocent XI. qui condamna ses erreurs fut obtenuë. On peut remarquer en passant que si le Pere Segneri avoit combatu les heresies de Molinos ; on pourroit bien compenser cela avec l'aprobation que plusieurs jesuites en avoient fait, & entre autres le P. Appiani fameux Confesseur au College Romain, qui les avoit si bien adoptées, qu'il fut envelopé dans la poursuite de Molinos, & qui eut besoin de tout le credit de la Societé pour sortir des prisons de l'Inquisition, aprés une longue detention ; nous avions bien voulu épargner ce trait d'histoire à la Societé par nos precedens memoires ; mais pourquoi nous y force-t-elle par une deffense imprudente & contraire à la verité ?

Ces Peres n'ont pas trouvé un moyen plus sûr pour nous donner un ridicule dans nôtre défense, que de nous prêter leurs raisonnemens ; ils disent que tout nôtre argument dans nôtre second Memoire, pour convaincre leur Confrere du Quiétisme, est de dire que Molinos étoit dans une reputation de vertu, & que néanmoins il fut trouvé coupable & declaré tel : or le Pere Girard lui ressemble du côté de la reputation, dans laquelle il a vêcu jusques à ce procès : doncques il faut le condamner comme un imposteur Quiétiste ; & là dessus ils s'écrient avec antousiasme que le faux de cette consequence est trop sensible pour s'y arrêter ; de pareils argumens peuvent échaper à des jesuites, & encore ce ne peut être qu'à ceux qui sont dans les basses classes ; mais il n'est pas à craindre qu'ils échapent à des Avocats, le Barreau raisonne sur d'autres principes que les Jesuites. Dans le premier Memoire de l'Acculé on nous avoit opposé qu'il n'étoit pas à croire que le Pere Girard, qui avoit joüi d'une assez grande reputation jusques à la plainte de la D. Cadiere, eût donné dans les erreurs du Quétisme ; pour montrer la fausseté de ce pretexte, nous fimes voir que Molinos, le chef de cette Secte, avoit joüi d'une reputation infiniment plus grande, jusques au moment qu'il fut jetté dans les prisons du Vatican ; que jusques alors il avoit possedé l'estime de tout ce qu'il y avoit de plus élevé & de plus grand dans Rome, & même du Vicaire de Jesus-Christ, qui étoit sur le point de l'élever au Cardinalat ; & c'est cette reponse qu'on vient de defigurer par cet argument ridicule, qui ne peut avoir été formé que dans la poussiere d'une classe, où les regles du raisonnement, ne sont pas encore assez connuës ; peut-être que cet argument tout estropié qu'il est, est l'effet d'un rafinement de la politique Jesuitique, & qu'il a pour but de persuader à ceux qui liront ce Memoire du P. Girard, & qui ne verront pas les nôtres, que l'accusation qui avoit été formée contre lui étoit si deplorable, qu'elle n'étoit soutenuë que par des raisonnemens ridicules, & cette conjecture pourroit bien être fortifiée par d'autres. C'est aparemment dans cette même vûë qu'ils ne repondent jamais rien aux raisons les plus fortes qu'on leur a opposées, ils repetent ici de sang froid ce qu'ils avoient déja dit dans leur premier Memoire, qu'on ne devoit pas regarder comme de preuves des Quiétisme, ce que quelques-unes de ses Penitentes pouvoient avoir dit à Mre Giraud, parce que si elles lui avoient parlé d'une maniere ambiguë, elles ont éclairci par leurs depositions ce qu'il y pouvoit avoir de douteux, & qu'il paroit par les depositions de l'Allemande & de la Batarelle, qu'il leur avoit recommandé la priere vocale. Mais n'avons nous pas détruit invinciblement tous ces mauvais pretextes à la page 28. 29. & 30. de nôtre second Memoire ? n'avons-nous pas montré qu'il n'y avoit rien d'ambigu dans ce que ces Penitentes avoient dit à ce Curé, puis qu'elles lui avoient avoüé nettement que le Pere Girard les avoit dispensées de toute priere vocale, qu'elles n'en faisoient point, qu'il suffisoit d'être uni à Dieu pour être dispensé de tout autre devoir, qu'il leur permettoit de faire des parties de plaisir tant qu'elles vouloient, & qu'il les faisoit communier tous les jours, que s'il a fait dire à ses Penitentes Stigmatisées produites sous le nom du Promoteur, d'une maniere si affectée, qu'il les surchargeoit si

fort de prieres, que le jour ne suffisoit pas pour les achever, & qu'elles avoient besoin d'empiunter une partie de la nuit, c'est là une fausseté évidente:que si au com-
mêcement il avoit dit à la Batarelle & à l'Allemande de se tenir dans l'état de priere,c'est parce que suivant les maximes de Molinos, on ne doit pas jetter de plein
saut les Penitentes dans la contemplation passive,& parce qu'il ne'les croit pas encore assez avancées dans le Quiétisme pour meriter d'être dispensées de la priere vocale, mais que bientôt après, non-seulement il leur avoit accordé la dispense de
la prieremais même qu'elles étoient tombées dans une impuissance de prier,ce qui
étoit l état le plus parfait du Quiétisme.

Les Jesuites ajoûtent que nous n'avons prétendu convaincre le Pere Girard du
Quiétisme,qu'en prenant un mot dans une lettre, un mot dans une autre, un mot
dans un Interrogatoire de la Cadiere,& un autre dans celui de l'Accusé,ou de la confrontation ; que de tout cela joint ensemble, on est parvenu à bout d'en construire
une proposition,qui approche de quelques-unes de celles que l'Eglise a côdamnées
dans Molinos,& que de cette maniere il seroit bien aisé de trouver toutes les erreurs qu'on voudroit,dans quelque Livre que ce soit,& même dans les Livres saints.

Ceux qui ne sçauroient pas de longue main que les jesuites sont en possession de
ne rien dire de vrai, & sur tout dans les Procès de cette espece, & qui n'auroient
pas vû nos Memoires, s'en formeroient une idée ridicule.Cependant ce n'est point
en prenant un mot d'un côté & un mot de l'autre, que nous avons seulement formé une proposition approchante d'une de celles qui ont été condamnées par la
Bule d'Innocent XI.mais nous avons extrait des propositions entieres, & souvent,
plusieurs de chaque déposition,de chaque lettre & des interrogatoires;& ces propositions ainsi extraites sont,non pas approchantes de celles de Molinos condamnées comme disent les jesuites,ce qui est encore un aveu assez considerable de leur
part, mais absolument conformes; en sorte qu'on n'a qu'à les comparer ensemble,
pour reconnoître qu'il n'y a aucune difference.

Ils ont fait des grands raisonnemens pour prouver que Marie Alacoque, & la
Sœur de Remusat, n'étoient pas des Quiétistes, que le Pere de la Colombiere, Directeur de cette premiere; dont ils font un martir de la Foy, ni le P. Milley, Directeur de celle-ci, dont ils font un martir de la Charité, n'étoient pas entachez
de ces erreurs ; que Marie Alacoque a fait plusieurs miracles, & qu'on travaille à
la faire proposer à la veneration publique.

Tout cela ne peut avoir pour but, que d'embarrasser la cause par des raison-
mens qui lui sont étrangers ; il ne s'agit ici ni du Pere de la Colombiere, ni du
Pere Milley : nous ne sommes pas chargez non plus de former opposition à la ca-
nonisation de Marie Alacoque;nous ne pensonspas non plus à chicaner ses miracles;
nous n'avons parlé d'elle qu'au sujet du rapport que ses visions ont avec celles de
la D. Cadiere;& si la Sœur de Remusat est entrée pour quelque chose dans nos dé-
fenses, ce n'est que par rapport à la direction que le Pere Girard en avoit euë après
la mort du Pere Milley, & aux états semblables à ceux de la Cadiere, dans lesquels
l'Accusé l'avoit jettée,comme il est si bien prouvé par le Carême qu'il lui avoit fait
faire, & par les lettres dont il est saisi.

Qui croiroit que les jesuites, par un rafinement de vanité si peu convenable à
cette cause, eussent voulu tirer avantage de ce qu'en faisant l'histoire du Quiétisme,
nous avons parlé de la condamnation de certains ouvrages de Mr.deChambray,de
la Dame Guyon, & du Sr. Malaval,& qu'ils eussent pris de là occasion de leur comparer leur Confrere? A Dieu ne plaise que nous ayons jamais pensé à faire une si
odieuse comparaison. Tout ce qu'on avoit pû reprocher à ces trois premiers,étoit
un Quiétisme purement spirituel, une erreur dans l'esprit ; mais elle n'étoit pas des-
cenduë jusques dans le cœur,l'innocence de leurs action avoit été reconnuë par
les Evêques de France qui avoient borné leurs censures à certaines propositions
de leurs ouvrages ; au lieu qu'ici il s'agit d'un Quiétisme charnel, d'un Quiétisme tel
que Molinos l'avoit enseigné;& l'avoit pratiqué avec ses Penitentes; d'un Quiétisme enfin accópagné de toutes les horreurs des crimes & des vices les plus honteux.

8

Comme les Jesuites sont convaincus que la lettre de leur Confrere, du 22. Juillet, est une preuve éclatante de son commerce avec sa Penitente, dans leur précedent Memoire, ils n'avoient pas osé entrprendre de la justifier par aucun Commentaire; & dans celui-ci, sçachant que celui qu'ils en font ne peut gueres souffrir des yeux fixes, ils ont crû qu'ils ne devoient pas l'exposer au grand jour, & à l'examen dans le chap. de l'Inceste spirituel, & ils ont pris le parti de le glisser dans un recoin du chap. du Quiétisme; quoi qu'il n'y ait que deux lignes de cette lettre qui entrent dans ce dernier chapitre, & que tout le surplus regarde l'Inceste spirituel. Nous n'avons garde de suivre leur exemple : Nous n'examinerons ici que la partie de cette lettre, qui peut influer à la preuve du Quiétisme, & nous renvoyons le reste & le Commentaire qu'on y a fait, au chap. de l'Inceste spirituel.   .

Tout ce qu'il y a dans cette lettre que nous employons pour preuve du Quiétisme, sont ces termes : *Je rends mille graces à nôtre Seigneur, de la continuation de ses misericordes ; pour y répondre, ma chere Fille, oubliez-vous & l'aissez faire : ces deux mots renferment la plus sublime disposition.* Les Jesuites opposent que c'est là l'abnegation recommandée par l'Evangile, & par l'Imitation de J. C. qu'il n'y a pas à craindre que ces mots, en passant par la plume du Glossateur, ayent rien perdu du sens très-pur & très innocent, qu'ils ont par leur liaison avec tous les sentimens que le P. Girard tâchoit d'inspirer à sa Penitente; que dans cette même lettre, l'Accusé dit : *Priez Dieu pour vôtre Pere, pour vôtre Frere, pour vôtre Ami, pour vôtre Fils, pour vôtre Serviteur ; voilà bien des titres pour interesser un bon cœur,* & que cette priere détruit toute idée de Quiétisme.

1°. Rien n'est plus singulier que de vouloir détruire le Quiétisme par la fin de cette Lettre ; nous ne disons pas que par une fausseté, ils ajoûtent le mot *Dieu*, qui n'est point dans l'original ; nous ne disons pas non plus que les Quiétistes ont une oraison de regard; mais nous disons seulement que c'est une mocquerie de venir donner pour une priere, une phrase de tendresse & de galanterie.

2°. Nous convenons que les premiers termes que nous avons rapporté de cette lettre, ont leur liaison avec tous les sentimens que l'Accusé inspiroit à sa Peniten-te, qui étoient des sentimens de Quiétisme & d'amour, comme toute cette lettre en est une si belle preuve.

3°. Par quelle application sacrilege vient-on comparer ici *l'abneget semetipsum* de l'Evangile, & le renoncement à soi-même dont parle l'Imitation de J.C. avec la maxime qu'il prescrivoit à cette Fille par ces mots, *oubliez-vous, & laissez faire ;* ainsi que nous l'avons montré par tous nos précedens Memoires?

4°. Nous demeurons d'accord que ces termes, *je rends mille graces à nôtre Seigneur de la continuation de ses misericordes,* sont des termes consacrez à la pieté; mais ne doit-on pas convenir aussi que ce n'est pas nous qui en faisons une application sacrilege, mais cet impie Directeur; puisque comme nous avons prouvé à la page 23. de ce Memoire, ces paroles sont l'approbation sacrilege que ce Jesuite faisoit d'une vision impie que sa Penitente lui avoit racontée dans la Lettre du même jour, par laquelle elle lui disoit d'avoir été associée à l'œuvre de la redemption du genre humain ? Peut-on rien imaginer de plus abominable de la part d'un Directeur, que d'applaudir à une pareille vision de sa Penitente, de lui faire accroire que c'est là l'effet de la continuation des misericordes de Dieu, d'en faire un sujet d'actions de graces, & de l'exhorter à se livrer à de pareilles extases, & de les lui donner pour la plus sublime disposition ?

Ce n'est pas là la seule lettre qui prouve le Quiétisme de ce Jesuite, & qu'il nourrissoit ses Penitentes de ses pernicieuses maximes; puisque nous avons rapporté dans nôtre Précis, pag. 9. & suivantes, un tissu de lettres des deux Parties, qui en renferment des preuves si éclatantes, qu'il n'est pas possible d'y resister.

Aussi les Jesuites sont si persuadez que leur Confrere est invinciblement convaincu de Quiétisme, qu'ils se retranchent à soûtenir qu'il n'y a que le Tribunal de l'Eglise qui en puisse connoître ; c'est-à-dire, qu'ils pretendent que le Parlement n'est pas competant pour juger ce chef d'accusation; mais n'avons-nous pas montré l'inu-
tilité

tilité de cette objection à la fin de la page 12. de nôtre Precis, où nous avons fait
voir qu'une fois que l'Eglise a fixé le point de dogme, comme elle a fait celui-ci
par les Bules d'Innocent XI. & d'Innocent XII. & par les jugemens des Evêques
de France, & qu'il n'est plus question que de punir les infracteurs, il n'y a que
la Justice Royale qui puisse infliger des peines porportionnées à l'atrocité de ce
crime ; que l'Ordonnance criminelle, tit. 1. art. XI. a mis le crime d'herefie au
rang des cas Royaux, & que l'Arrêt du Conseil d'Etat du 16. Janvier dernier, a
attribué en prémiere instance à la Grand Chambre, la connoissance de tous les
crimes dont il est accusé. Enfin il est si interessant pour l'Eglise & pour l'Etat,
d'arrêter le cours de cette herefie, qu'elle commence à revivre dans plusieurs
parties du monde chrétien, & que la puissance des clefs & celle du glaive ne
pensent de concert qu'aux moyens d'en arrêter les funestes progrès.

SUR L'INCESTE SPIRITUEL.

Comme les Jesuites sçavent qu'ils ne peuvent répandre quelque doute sur les
preuves de ce chef d'accusation, qu'en y jettant de la confusion, au lieu de faire une reponse sur chaque preuve que nous employons, & sur chaque fait re-
sultant de la procedure, ils ont affecté de tout confondre, & de parler par
tout avec cet excès de mauvaise foi, qui leur est si propre dans ce procès,&
convaincus qu'ils soûtiennent un coupable, reconnu tel par l'Univers entier, ils
parlent de lui comme d'un homme le plus innocent & même le plus saint ;
il est difficile que le public, auquel ils dedient leur Memoire, ne soit pas re-
volté de cette impudence ; nous ne pouvons pas nous assujettir à un ordre si
peu naturel, & en gardant celui que nous avons suivi dans nos precedens
Memoires, nous allons faire une refutation si exacte de toutes les faussetez
qu'ils employent ici, qu'ils seront peut-être honteux de les avoir mises en œuvre.

La premiere preuve de cet inceste spirituel se tire de ce qu'il a seduit cette
fille à la faveur des abominables maximes du Quiétisme, comme nous l'avons
prouvé d'une maniere invincible à la page 13. de nôtre precis.

La seconde nous la tirons de la frequentation si assiduë de ce Directeur auprés de sa jeune Penitente, qu'il y a peu d'Amans qui pussent lui disputer la gloire de le surpasser en assiduité auprés d'une Maîtresse cherie ! Les Jesuites n'ont
rien sçû opposer dans leur dernier Memoire contre ces deux premieres preuves.

La troisiéme se tire du commerce continuel des lettres qui étoit entre ce Directeur & sa Penitente, & que pendant environ trois mois qu'elle avoit demeuré au
Couvent, il lui en avoit écrit plus de cent,& en avoit reçû d'elle plus de quarante,
quoi qu'elle fût toûjours en arrerage. Pour prouver ce fait nous avons employé
entr'autres deux endroits de sa lettre du 22. Juillet, dont le premier qui est au
commencement, est conçû en ces termes : *Voici, ma chere enfant, la troisiéme lettre
en trois jours;* & l'autre qui est vers la fin est conçû en ces paroles : *comptez bien; cette lettre cy vous dit que vous venez toûjours après moi, & il est dangereux que vous ne
m'atteigniez pas, à moins que vous n'en écriviez deux par jour.*

Les Jesuites opposent que le commencement de cette lettre ne prouve pas qu'il
écrivît tous les jours à sa Devote, parce que si cela eût été, il ne lui auroit pas rapellé ces trois lettres en trois jours, comme une marque extraordinaire de ses
soins, & qu'autrement il lui auroit dit plûtôt, voici la 40e. lettre en 40. jours.

Mais ce n'est là de leur part qu'une pure vetille, soit parce que s'il avoit plûtôt
dit voici la troisiéme lettre en trois jours, que voici la 40e. en 40. jours, c'est aparemment parceque ce tour de phrase lui avoit paru plus joli, soit encore plus, parceque le second endroit de cette lettre, sur lequel on n'a point trouvé de chicane à
faire, prouve que de longue main il lui écrivoit tous les jours ; car autrement, &
s'il avoit pretendu que ce n'étoit que par une impetuosité passagere qu'il lui avoit
écrit trois lettres dans trois jours, il ne lui auroit pas dit : *Cette lettre-ci vous dit
que vous venez toûjours après moi, & il est dangereux que vous ne m'atteigniez*

C

pas, à moins que vous n'en écriviez deux par jour. Si elle venoit toûjours aprés lui; si elle ne pouvoit jamais l'atteindre, à moins qu'elle n'écrivît deux lettres par jour; il lui écrivoit donc tous les jours, & souvent même deux lettres par jour. Un pareil commerce de lettres de la part d'un Jesuite à sa jeune Penitente, contre la prohibition de la regle de ce premier, n'est-elle pas une preuve bien évidente de sa passion pour elle?

La quatriéme preuve se tire de la qualité des lettres que ce Directeur écrivoit à la D. Cadiere : pour donner à cette preuve toute la force qu'elle doit avoir, nous avons fait voir par nos precedens Memoires, 1°. que les 16. lettres qu'il a produites ont été refaites; & que si elles ne l'avoient pas été, on verroit qu'elles étoient de la même qualité qu'est celle du 22. Juillet, qui est la seule qui nous est restée, comme par miracle, de toutes celles qu'il nous avoit écrites depuis le mois de Juin jusqu'au 22. Août, & celle qu'il avoit dictée à la Guyol sa confidente, du 30. du même mois d'Août. 2o. Que toutes refaites que sont ces lettres, & malgré le retranchement qu'il a fait en les refaisant, des expressions les plus fortes, elles contiennent encore la preuve de sa flâme incestueuse pour sa Penitente. Voyons maintenant ce que les Jesuites opposent pour contester cette reflexion, & pour soûtenir que ces lettres, en l'état qu'elles sont, ne prouvent ni l'amour, ni le Quietisme; & comme ils repetent sans cesse ce que nous avons si invinciblement détruit ailleurs, nous bornerons nôtre réponse à ce qu'ils disent de nouveau & qui regarde le point de la cause que nous traitons ici.

La premiere preuve de la refection des lettres de l'Accusé, se tire de ce qu'en mettant sa Penitente dans ce Couvent, il avoit exigé de l'Abbesse que les lettres qu'il écriroit à la D. Cadiere, ne passeroient point par ses mains, non plus que les réponses qu'elle lui feroit.

Les Jesuites opposent que leur Confrere n'auroit jamais fait à la Superieure, une demande si propre à le trahir, & qu'il se seroit contenté de faire passer sûrement ses lettres dans les mains de la Cadiere.

Si cette demande à l'Abesse n'étoit pas prouvée par la lettre du P. Girard, du 6. Juin, à la bonne heure que pour persuader qu'il ne l'avoit pas faite, on vint nous dire qu'elle auroit été propre à le trahir : mais une fois qu'elle est justifiée par sa lettre, il est inutile de dire qu'elle l'auroit trahi, & cela ne peut aboutir qu'à prouver que les Jesuites chicanent sur tout. Au reste, il joignoit à cette premiere precaution, l'autre de lui envoyer ses lettres d'amour, ou par la Guyol, ou par une autre de ses Penitentes stigmatisées, qui les remettoient immediatement à la D. Cadiere, tant il craignoit qu'elles ne fussent vûës par la Superieure. A-t-on jamais pris de pareilles precautions pour des lettres qui ne roulent que sur la simple direction?

La seconde preuve de cette refection, se tire de ce que M. l'Evêque ayant forcé le P. Cadiere le 20. Août à lui montrer le Memoire du Carême, & indigné contre le P. Girard, qui lui répondit encore avec brutalité, ayant dit qu'il vouloit absolument la tirer de ses mains; celui-ci envoya la Gravier, une de ses Penitentes stigmatisées le 21. du même mois, avec une lettre qu'elle ne fit que lui montrer, & par laquelle il lui marquoit de lui renvoyer toutes ses lettres ; & cette pauvre Fille eut la simplicité de remettre à la Gravier, non-seulement toutes les lettres du P. Girard, à la reserve de la lettre du 22. Juillet, qui heureusement ne se trouva pas avec les autres, mais encore generalement tous les papiers qu'elle avoit dans sa cassette, jusqu'aux minutes de ses propres lettres : car si les lettres qu'il avoit écrites à sa Penitente ne contenoient rien qui lui fit peine, pourquoi les retirer avec tant d'empressement, au moment qu'il apprit que M. l'Evêque vouloit lui donner un autre Directeur.

On a dit qu'il ne s'étoit donné ni grand soin, ni grand mouvement, pour ratraper ses lettres, qu'il n'a mis en usage que ces deux mots de sa lettre, du 22. Août par lesquels il avoit marqué à sa Penitente, que s'il lui avoit été pris quelque copie du Memoire du Carême, elle lui renvoyât ses lettres & ses papiers, & que si c'étoit elle qui l'eût répandu, il n'y avoit rien de tout cela à faire ; & on ajoûte que la lettre de la D. Cadiere du 26. Août, prouve que celle de l'Accusé du 22. n'a pas eté refaite.

1°. Nous avons montré à la page 46. de nôtre Réponse, au premier Memoire de l'Accusé, la fausseté & le ridicule du pretexte qu'on donne à cette démarche. En effet, qui croira que si on avoit enlevé à la D. Cadiere une copie du Carême à son inscû, il eût perdu toute confiance pour elle ; & que si elle l'avoit répanduë volontairement contre son ordre, il n'eût eu contre elle aucune défiance, & lui eût voulu laisser ses lettres & ses papiers ?

2°. N'avons-nous pas fait voir à la fin de la page. 7. & au commencement de la 8ᵉ. de ce Memoire, dans la premiere partie, que la lettre de la D. Cadiere du 26. Août, prouve évidemment la refection de celle de l'Accusé du 22. ?

La troisiéme preuve de la refection, est fondée sur ce qu'il est prouvé par la Procedure, & sur tout par la confrontation de la Batarelle, 38ᵉ. témoin, avec la D. Cadiere, que le P. Girard écrivoit à celle ci deux sortes de lettres ; les unes qui n'étoient que pour en faire montre, qu'il signoit, & qui en parvenant à la Cadiere pouvoient passer sous les yeux de l'Abbesse ; & les autres des lettres d'amour, qu'il ne signoit pas, & qu'il lui faisoit remettre immediatement par une de ses Penitentes stigmatisées.

Il oppose, 1°. que si cela eût été veritable, il n'auroit pas demandé à l'Abbesse la permission de ne pas lire ces lettres. 2°. Que ce fait n'est fondé que sur le témoignage unique de la Batarelle, & que la lecture de sa déposition que l'on reclame, en instruira Messieurs les Juges. 3°. Que si elle avoit porté une seule fois une lettre du P. Girard à la Cadiere, & une à la Superieure, qu'el ea crû être aussi pour la Cadiere ; ce qu'il ne croit pas être arrivé & dont il ne se ressouvien pas. D'ailleurs, cela ne pouvoit être arrivé que dans les premiers jours que la Querelante fut au Couvent, ou avant que d'avoir demandé à l'Abbesse de ne pas lire ses lettres, & que ce n'auroit été que pour cacher à la Superieure les graces extraordinaires de sa Penitente.

Mais ce n'est là qu'un amas de faux pretextes ; car 1°. depuis le 7. juillet que l'Accusé avoit demeuré trois heures enfermé dans la chambre de sa Penitente, la Superieure étoit entrée dans des sentimens de défiance au sujet de ce Jesuite, c'est pour cela qu'elle ne voulut plus lui permettre d'entrer dans ce Monastere ; & voilà pourquoi, dans la crainte qu'elle ne lui tint pas la parole qu'elle lui avoit donnée de ne pas lire ses lettres, & dans la pensée même d'effacer les soupçons qu'elle pouvoit avoir conçûs, il prit dans la suite la precaution d'écrire deux sortes de lettres, comme nous venons de dire, de faire passer les unes sous les yeux de la Superieure, & les autres immediatement dans les mains de sa Penitente.

2°. Il est inutile de vouloir suspecter ici le témoignage de la Batarelle, puisqu'il a été debouté par l'Arrêt du 14. Aoust dernier, du reproche qu'il avoit proposé contre elle, & son témoignage est confirmé par les deux lettres de l'Accusé, des 22. Juillet & 15. Septembre, dont la premiere qui est une lettre galante, n'est point signée ; & l'autre qui ne l'est point porte son seing.

3°. Comment veut-on que la Batarelle eust porté ces deux lettres dans les premiers jours que la Cadiere étoit au Couvent, & avant qu'il eust demandé à la Superieure de ne pas lire ses lettres, puisque la Querelante entra au Couvent le 6. du mois de Juin, & que le Pere Girard demanda cette permission à l'Abbesse, par sa lettre du 5. du même mois, produite au procès ; on voit bien que les Jesuites deffendent sciemment leur Confrere coupable, par des supositions & des faussetez. Doncques ces deux sortes de lettres, & la maniere dont il les faisoit rendre, prouvent qu'il écrivoit des lettres d'amour à sa Penitente, & qu'il a refait celles qu'il a produites.

La quatriéme preuve se tire de ce qu'il ne communique que seize lettres ; quoiqu'il en ait écrit à la D. Cadiere près de cent, & qu'elle l'ait interpellé de les produire toutes, aussi bien que les autres lettres qu'il a d'elle ; par dessus les 22. qu'il a fait joindre à la procedure, sans qu'il ait voulu le faire.

La cinquiéme preuve ne regarde en particulier que la lettre du 22. Août, dont la refection est si bien prouvée par celle du 26. du même mois, de la Demoiselle Cadiere, ainsi que nous venons de le remarquer.

La derniere preuve de la refection de ſes lettres ſe tire de la difference infinie qu'il y a entre la lettre du 22. Juillet, & les 16. qu'il a produites, puiſque cette premiere eſt pleine d'enjoüement, de tendreſſe & de galanterie, au lieu que les autres ſont d'un ſtile aſſez ſerieux, & bien different ; toutes ces raiſons réünies enſemble prouvent d'une maniere ſans replique, la refection que le P. Girard a faite des lettres qu'il a produites.

Après cela c'eſt bien en vain que l'Accuſé ſe retranche à ſoûtenir que la D. Cadiere par ſa reponſe au 61. interrog. a convenu que c'etoient là les mêmes lettres qu'il lui avoit écrites ; car pour montrer la fauſſeté de cette reponſe, & l'injuſtice de l'avantage qu'il veut en tirer, il ſuffit de faire reflexion 1. qu'elle a été faite le 27. Fevrier, c'eſt-à-dire, le jour du breuvage, où par un effet des violences & des menaces qui lui furent faites, elle n'a rien dit qui ne ſoit contraire à la verité, comme nous l'avons prouvé demonſtrativement par les obſervations que nous a-vons faites là-deſſus, & où avec un *oüi* ou un *accordé*, on a tâché de renverſer tou-tes les preuves qui ſe tirent de plus de ſoixante témoins irreprochables, des lettres & des aveus mêmes de l'Accuſé.

2°. Il n'eſt ni poſſible ni vraiſemblable qu'elle eût lû, ni qu'on lui eût fait la lectures de toutes les lettres qu'on lui fit averer dans la ſéance de relevée, pour pouvoir verifier ſi c'étoit les mêmes lettres qu'il lui avoit écrites, ou s'il les avoit refaites, puiſque pour faire cette verification, il auroit fallu en faire une lecture meditée ; cependant dans cette ſéance il paroit qu'on lui a fait un grand nombre d'interrogatoires, dont il y en a de très longs, & on veut qu'elle ait averé dans la même ſéance, le Memoire de la Sœur de Remuſat, le Memoire du voyage d'Aix, celui du Carême, 22. lettres de la D. Cadiere, un nombre de minutes,& encore 14. lettres du P. Girad, ce qu'on n'auroit pas pû faire dans toute une jour-née ; cela ne choque-til pas toutes les regles de la vraiſemblance, & de la poſſi-bilité ? & par conſequent c'eſt là une preuve ſans replique de la fauſſeté de l'avera-tion qu'on pretend qu'elle ait faite, non pas ſeulement du caractere du P.Girard, mais de l'identité de ſes lettres avec celles qu'il lui avoit écrites.

3°. Il eſt ſi peu vray qu'elle eût verifié l'identité de ces lettres, que lors de ſa confrantation mutuelle avec ſon frere, reçûë par Mrs les Commiſſeres, elle a ſou-tenu que lors de ſes reponſes, elle n'avoit pas lû les lettres du P. Girard, voici ſes termes : *Requis de dire ſi les lettres du P. Girard qui ſont jointes à la procedure ; ſon. les mêmes que celles qu'il lui avoit écrites & qu'elle lui renvoya d'Ollioules ladite Cadiere a dit qu'il y a apparence que ce ne ſont pas les mêmes, puiſ-que le P. Girard avoit pris la precaution de les retirer, & que celles qui lui ont été repreſentées, elle ne les a reconnuës que pour être de l'écriture du P. Gi-rard, ſans en avoir fait la lecture.* Comment pouvoit-elle donc avoir verifié ſi elles étoient les mêmes.

Enfin ne venons - nous pas de prouver d'une maniere ſan replique, que les lettres produites par le P. Girard, ont été refaites, & ſi elles ont été refaites comme on ne peut pas le revoquer en doute, ils s'enſuit neceſſairement qu'el-les étoient de la même qualité que la lettre du 22. Juillet, & même encore plus ſcandaleuſes, puiſqu'autrement il ne les auroit pas refaites, & n'auroit pas commis un crime de faux.

On nous opoſe que par nôtre premiere Requête, nous avions dit qu'il étoit ſi certain que les lettres du P.Girard avoient été refaites,que celles qu'il avoit écrites à la Cadiere, étoient un affreux mélange de Quiétiſme, d'impieté & de ſcelera-teſſe, comme la lettre du 22. Juillet le prouve; cependant celles qu'il produiſoit, ne renfermoient qu'une morale pure & active; mais cette objection eſt abſolument inſoutenable 1°. parce que lors de cette Requête,il ne nous avoit pas encore don-né copie de ſes lettres, nous en ignorions la teneur: 2o. parceque l'erreur de cette énonciation, ne pourroit jamais en changer la qualité; ce n'eſt pas par l'énoncia-tion,qu'on juge de l'acte énoncée, mais par l'acte énoncé qu'on juge de la verité, ou de la fauſſeté de l'énonciation, *non creditur referenti, niſi conſtet de relato.*

Oₛ

Or il est certain que ces lettres, toutes refaites qu'elles font, & celles de la D. Cadiere, prouvent l'amour & le commerce inceftueux de ce Directeur; pour le montrer d'une maniere évidente il fuffira d'en rapeller ici quelques fragmens, & d'y ajoûter quelques brieves reflexions.

Nous avons raporté dans nôtre Precis, au chapitre du Quiétifme, tous les endroits des lettres qui parlent de cette union, de tendreffe & de Quiétifme, qui n'avoient que le même objet; & fait voir que cette union intime dans le facré cœur de Jefus, qu'on trouve à la fin de chaque lettre, n'étoit que la confommation de l'amour charnel de ce Directeur pour fa Penitente, qu'il lui faifoit accroire par une efpece de fanatifme, être un effet de l'amour Divin; que Dieu les avoit unis enfemble, & que fa volonté étoit qu'ils rempliffent exactement tous les devoirs de cette union : Parcourons maintenant quelques endroits des lettres des Parties.

La D. Cadiere par la fienne du 11. Juin, lui dit : *Il ne me refte que vous feul en cette vie, mon cher Pere, qui puiffiez m'apporter quelque confolation, & me donner ces premiers mouvemens de joye, de douceur & de tranquilité, que j'ai perdus de vûë depuis le premier moment que je fuis entré dans cette Maifon. Vingt fois du jour je foûpire après l'heure favorable où je pourrai vous voir, pour vous communiquer de vive voix le fonds de mes miferes, ne pouvant me communiquer à tout autre; ce qui ne fait pas chez moi le moindre fujet de mes peines, comme vous devez en être convaincu. Ainfi hâtez-vous, mon cher Pere, le plûtôt que vous pourrez, de venir donner la guerifon à une pauvre ame digne de vôtre compaffion. Je me referve à vous déveloper de vive voix, bien de petits fecrets que je n'ofe vous expofer par écrit . . . . . . Vous ne fçauriez obliger plus tendrement celle qui fe dit, avec une parfaite union en Jefus-Chrift, mon très-cher Pere, vôtre très-humble,* &c. Quoi de plus tendre! Et que pourroit dire de plus l'Amante la plus ardente à l'Amant le plus cheri? Elle a perdu fa joye, fa tranquilité & fon repos, depuis qu'elle l'a perdu de vûë; Elle compte les momens de fon abfence; Elle foûpire continuellement après le moment qui doit le lui ramener; Elle ne peut communiquer qu'à lui le fujet de fes peines & de fes langueurs; Elle le preffe d'en venir adoucir l'amertume, & regarde fa prefence comme le feul remede à fon mal: Elle a des fecrets qu'elle ne peur pas dépofer fur le papier! Elle eft tendrement unie avec lui. N'eft-ce pas là le langage d'un cœur enflamé par cet inceftueux Directeur? & à quel point de fafcination & d'aveuglement avoit-il conduit cette Penitente fi infortunée? on peut juger quelles devoient être les lettres de l'Accufé, qui avoient précedé celle de la Querellante.

Le P. Girard par fa lettre du 29. du même mois, lui dit : *J'ai autant de defir & d'empreffement que vous, ma chere Fille, de nous voir bien-tôt enfemble; j'avois déterminé demain Vendredi d'aller à Olioules, mais il m'eft venu depuis hier un petit mal de gorge, qui me fait craindre que nous ne foyons privez l'un & l'autre de parler fi-tôt de près, & à cœur ouvert . . . . Adieu, ma chere Enfant, je fuis tout à vous dans le facré cœur de Jefus.* Ce defir, cet empreffement de ce Directeur de fe voir bien-tôt enfemble avec fa jeune Penitente; cette crainte que cette indifpofition ne l'empêche de goûter affez tôt le plaifir de lui parler de près, & à cœur ouvert; tout cela n'eft-il que la charité de la direction, ou le langage le plus tendre que l'Amant le plus paffionné pourroit tenir à une Maîtreffe adorée?

L'Accufé finit fa lettre du 16. Juillet par ces mots *Bon foir, ma chere Enfant, je fuis avec vous, & avec vous plus que je ne puis dire.* Quel excès d'attachement de ce Directeur pour fa Dévote. puifqu'il furpaffoit toute expreffion, & qu'il n'en trouvoit pas d'affez fortes pour l'exprimer?

Paffons maintenant à la fameufe lettre du 22. Juillet: mais auparavant, il faut répondre à un mauvais pretexte que les Jefuites fondent fur ce que la D. Cadiere par fa réponfe au 91. Interrog. a dit que cette lettre, & la réponfe qu'elle lui avoit faite, font dans le même efprit, c'eft-à-dire, dans l'efprit de Dieu; & l'on a ajoûté que cette réponfe étoit anterieure au jour de la variation, il eft neceffaire de raporer ici cet Interrogatoire & cette réponfe. *Interrogée de nous dire fi elle a dicté cette let-*

D

tre à son Frere ? (c'est celle du **24.** Juillet) *A répondu*, qu'oüi

Sur quoi lui aurions representé, que si cette lettre est la continuation d'un commerce criminel, son frere est complice comme elle.

A Rep. *Que son frere n'avoit point occasion d'avoir de mauvaises pensées sur son compte, & que la lettre que nous lui avons fait representer, est la réponse de celle qui lui avoit été écrite par le P. Girard le 22. du même mois ; & toutes les deux, c'est-à-dire, celle du P. Girard & la réponse d'elle Repondante, sont dans le même esprit, c'est-à-dire, dans l'esprit de Dieu.* Cela supose, l'avantage que les Jesuites veulent tirer de cette réponse, n'a rien que d'inique

1º. Quoi qu'elle soit anterieure au 27. Fevrier, & qu'elle soit du 26. elle n'en est pas plus legitime ; car il est certain qu'elle n'a pas eu un moment de libre dans le Couvent des Ursulines de Toulon où elle étoit detenuë ; que les impressions de la violence & des menaces, qui furent portées le lendemain à leur comble, avoient commencé dès le 25. c'est pour cela que les deux premiers jours elle a fait plusieurs réponses évidemment contraires à la verité, comme nous l'avons montré par les observations que nous avons faites là-dessus.

2º. Si cette réponse étoit partie veritablement de son esprit, elle ne pourroit être prise que dans le même sens qu'on doit prendre l'endroit de ses réponses devant l'Official, où elle dit que toutes les fois que le P. Girard lui manioit le sein, elle recevoit des graces & des faveurs, & qu'elle étoit charmée par des sentimens tout divins ; & alors cette réponse, comme cet endroit du Verbal d'accedit, ne serviroit qu'a prouver que le P. Girard lui avoit fait accroire que toutes les voluptez de l'amour profane, étoient des attouchemens de l'amour divin, & voilà dans quel sens seulement elle auroit dit que la lettre du 22. Juillet, & sa réponse du 24. étoient toutes deux dans l'esprit de Dieu.

3º. Dans quelque sens que l'on veüille prendre cette réponse, pourroit-elle jamais changer la nature de ces deux lettres, & la Justice n'en doit-elle pas juger par leur qualité & par leur teneur, & non pas par une pareille réponse ? Aussi les Jesuites l'ont si bien reconnu, qu'ils ont fait tous leurs efforts pour tâcher de persuader que ces deux lettres ne contiennent rien de mauvais.

Pour cela, ils ont raporté quelques fragemens des lettres que S. François de Sales avoit écrites à la Dame de Chantal, qui ne renferment que les sentimens d'une sainte affection, de là on a conclu que cette lettre du P. Girard du 22. Juillet, ne contenoit rien que de saint, & on a ajoûté que nous n'avions qu'à mettre S. François de Sales dans la categorie des Quiétistes charnels, & la Dame de Chantal au nombre des Penitentes abusées.

Quelle ridicule comparaison des lettres fumantes d'amour, écrites par ce Jesuite à une jeune fille sa Penitente, avec les lettres que ce saint Evêque écrivoit à la Dame de Chantal, qui étoit une veuve très-avancée en âge, dont la fille avoit épousé le neveu de S. François de Sales, & qui étoit par consequent son alliée ; une Veuve qui étoit associée avec lui dans la fondation de l'Ordre de la visitation Sainte Marie, & qui ne contenoient que des sentimens d'estime, dont le zéle pour l'œuvre de Dieu, pour l'agrandissement de cet Ordre, devenu ensuite si illustre ; la vertu & la sainteté qui leur étoient communes, faisoit tout le fondement ; & qui peut voir sans indignation comparer un Jesuite, Quiétiste & incestueux, à un saint Prelat dont l'Eglise a canonisé les vertus, & à qui elle a dressé des Autels ? Rapellons maintenant quelques lambeaux de cette lettre, que l'Accusé a raporté avec tant d'infidelité, & faisons sentir l'absurdité des pretextes qu'il employe pour l'excuser.

Voici, ma chere Enfant, la troisiéme lettre en trois jours ; tâchez de m'obtenir du tems : Dieu soit loüé, bien-tôt peut-être ne pourrai-je plus rien faire que pour celle à qui j'écris ; toûjours sçai-je bien que je la porte par tout, & qu'elle est toûjours avec moi, quoique je parle & que j'agisse avec d'autres personnes. Il faudroit être bien novice en amour, pour ne pas reconnoître qu'on ne peut rien dire de plus tendre ni de plus passionné à une Maîtresse ; on neglige ici d'observer que le Querellé a retranché dans cette phrase le mot, *de plus, oubliez, vous, & laissez faire ; ces deux mots renferment la plus sublime disposition.* Quelle maxime pour une Fille de 18. à 19. ans ! Saint François de Sales l'avoit-il proposée à la Dame de Chantal , quelque surannée qu'elle fût ? Lui avoit-il dit oubliez-vous & laissez faire , ces deux mots renferment la plus sublime disposition ?

J'ai une grande faim de vous revoir & de tout voir ; vous sçavez que je ne demande que mon bien ; & il y a long tems que je n'ai rien vû qu'à demi. Nous avons expliqué dans nôtre réponse au premier Memoire de l'Accusé , page 48. le mystere assez intelligible que ces termes renferment ; on n'a rien dit qui puisse donner la moindre atteinte à l'explication que nous en avons faite : on opose que la D. Cadiere , par sa lettre du 25. du même mois, écrite trois jours après celle de son Directeur, lui disoit : *On m'a promis que puisque vous vouliez des miracles, vous en auriez pour vous convaincre de vôtre peu de foy , mais que vous auriez la douleur de me voir toute couverte de playes affreuses & extraordinaires, ausquelles toute la Medecine sera aveugle, & que ma seule sortie dissipera dans le moment :* & on a ajouté : certainement après un tel debut & la promesse de lui donner le spectatacle des playes affreuses & extraordinaires , dont elle devoit être couverte : toute autre fin que celle du zele & de la charité, auroit été rassasiée d'avance.

1°. Nous avons fait voir dans la premiere partie , que cette promesse des miracles que ce Directeur vouloit exiger pour consentir que sa Penitente sortît du Couvent n'étoit que l'effet de l'obsession. 2₀. Quel pitoyable commentaire est celui-ci ? la promesse de ces playes universelles n'a été faite que le 25. Juillet, & ce Jesuite veut en avoir fait le sujet de ses empressemens, dans sa lettre du 22. étoit-il Prophete ? étoit-il homme à courir après des playes affreuses ? & ces termes ; *J'ai une grande faim de vous revoir & de tout voir ; vous sçavez que je ne demande que mon bien , & il y a long-tems que je n'ai rien vû qu'à demi ,* peuvent-ils s'appliquer à des playes , & à des playes hideuses & futures , ou bien à l'aimable corps de sa devote , que la gêne de la grille ne lui permettoit de voir qu'à demi ? S. François de Sales a-t-il jamais tenu un pareil langage à la Dame de Chantal ?

Je vous fatiguerai : he bien ne me fatiguez-vous pas aussi ? il est juste que tout aille de moitié. Rien n'est plus plaisant que le commentaire que font les Jesuites sur ces termes. Les fatigues du P. Girard , disent-ils, n'étoient donc autre chose que les perplexitez & les embarras où le mettoient tous les jours de nouveaux prodiges à examiner. Mais n'avons-nous pas prouvé dans la premiere partie, qu'il n'avoit ni doute ni perplexité ; qu'il donnoit affirmativement sa Penitente pour une Sainte, & tous ces faits extraordinaires pour des miracles, quoi qu'il sçût que tout cela n'étoit que l'effet de l'obsession. La fatigue reciproque dont il est ici parlé, & dont il étoit si gourmand pouvoit-elle s'appliquer à des doutes qu'il n'avoit pas , & ausquels elle auroit si peu convenu ? mais que devindront ces termes *il est juste que tout aille de moitié* , qui expriment si bien cette communion de toutes choses qu'il y avoit entr'eux ; ausquels on a été si en peine de donner aucune autre explication ?

Les Jesuites n'ont sçû non plus en donner aucune aux termes suivants de cette lettre : *Je compte bien qu'enfin vous deviendrez sage ; tant de graces & d'avis ne deviendront pas inutiles.... vous êtes une inconstante ; ce seroit bien pis si vous deveniez gourmande..... Bon soir ma chere enfant , pourrez-vous dechiffrer mon grifonage .... comptez bien ; cette lettre-ci vous dit que vous venez toûjours après moi ; il est dangereux que vous ne m'atteigniez pas, à moins que vous n'en écriviez deux par jour : adieu, ma fille ; priez pour vôtre pere, pour vôtre frere, pour vôtre ami , pour vôtre fils & pour vôtre serviteur : voilà bien des titres pour interesser un bon cœur.* Est-ce le langage d'un Directeur ou d'un Amant ? & si cette lettre étoit aussi innocente qu'on le prétend, d'où vient que l'Accusé ne l'a pas signée ?

Ces Peres disent que tout le crime du P. Girard dans cette lettre, est tout au plus un air d'enjoûment que des Sts Personages n'ont pas regardé comme ennemi de l'innocence. On a vû si tout ce que cette lettre renferme de plus fort , se reduit à un air d'enjouëment, qui feroit toûjours fi peu convenable à un Directeur, à l'égard de jeunes filles; & s'il y a de Sts Perfonnages qui ayent écrit des lettres de cette qualité, pretendent-ils faire juger par un Arrêt contradictoire, que par un privilege exclufif, il leur eft permis d'écrire de pareilles lettres à leurs Penitentes; ce feroit une belle modification à leur regle.

Cette lettre prouve donc & l'amour & l'Incefte de ce Directeur; les Jefuites pretendent que la réponfe que la D. Cadiere y fit le 24. du même mois, la doit juftifier. Mais outre que nous avons montré dans nôtre réponfe au premier Memoire du P. Girad, page 43. qu'on ne doit pas juger de la qualité des lettres de l'Accufé par celles de la D. Cadiere; d'ailleurs la réponfe de celle-ci ne peut fervir qu'à prouver toûjours mieux le venin de celle de fon Directeur; il fuffit d'en raporter ici quelques fragmens: *Je ferai plus attentive à l'avenir à menager vôtre tems; cela n'empêchera point cependant que je ne vous mene partout avec moi, m'étant auffi cher que vous m'étes ... je vous attens avec impatience pour raffafier la faim que vous avez de me voir; ne foyez point en peine de vôtre bien, il vous eft tout devoüé; venez au plûtôt contenter vôtre petite curiofité; mais à condition que ma foumiffion vous dédommagera une fois pour toutes, de vos peines, & que vous ne conterez plus fi exactement avec moi pour l'avenir; peut-être que mon obeïffance vous donnera lieu de retracter vos petits reproches fur ce fujet .... fi je deviens gourmande; penfez que je ne vous pardonnerai jamais, puifqu'il y aura de vôtre faute .... Pour ce qui regarde vos lettres, je fçai bien que je fuis en arriere, mais dans l'état continuel de fouffrances où je me trouve, j'y vai de bonne foi, & je ne compte point après vous; faites en de même de vôtre côté, & contentez-vous de ma bonne volonté, celui qui pourra écrire davantage, en aura plus de merite; j'efpere que vous me rendrez cette juftice, auffi bien que celle de croire que je vous fuis intimement unie dans le facré Cœur de Jefus, mon cher Pere vôtre &c.*

Cette lettre prouve combien ce Directeur avoit empoifonné le cœur de fa Penitente, & l'on y trouve à peu près tous ces traits de venin d'amour, qui éclatent fi fort dans la lettre de ce premier. On n'a pas befoin d'emprunter pour cela le fecours des reflexions, c'eft un texte trop clair pour avoir befoin de Commentaire.

Enfin la lettre qu'il fit écrire à la D. Cadiere par la Guiol le 30. Août lorfque cette premiere vouloit quitter fa direction, & où il a fi bien dépeint fa défolation, fon redoublement de défolation & fon defefpoir, ne fuffiroit-elle pas toute feule pour le convaincre de fon incefte fpirituel avec fa Penitente, comme nous l'avons montré à la page. 49. & fuivantes de nôtre Réponfe au premier Memoire de l'Accufé par des raifons fi convaincantes, qu'on n'a pû y trouver aucune réponfe.

La cinquiéme preuve de cet Incefte fpirituel, eft tirée de deux faits qui le fuppofent neceffairement. Le premier, confifte en ce qu'il eft prouvé par le recolement de la Dame de Lefcot, Maîtreffe des Novices, 20e. témoin, qu'elle avoit lû une lettre du P. Girard. par laquelle il marquoit à la D. Cadiere d'un air badin, que fi elle n'étoit pas fage, il lui donneroit le foüet; & la Batarelle, 38e. témoin ajoûte dans fa dépofition, que la Querellante lui avoit avoüé dans un tems non fufpect, que le P. Girard lui avoit donné la difcipline au Parloir d'Ollioules.

La réponfe des Jefuites là-deffus eft finguliere : ils difent que fi cette lettre étoit veritable, elle n'auroit pas manqué de la retenir comme elle a fait celle du 22. Juillet; ne diroit on pas, à les entendre parler ainfi, que le 22. Août qu'elle rendit les lettres de l'Accufé, elle avoit formé le deffein de le quereller, & qu'elle avoit fait le choix des lettres qui pouvoient fervir à l'execution d'un pareil deffein; tandis que d'une part ce n'eft que parce qu'elle y a été forcée, qu'elle a porté enfuite fa plainte à la juftice, & que de l'autre elle penfoit fi peu à une pareille chofe le 22. Août, qu'elle eut la fimplicité de remettre à la Gravier, non-feulement toutes les lettres de ce Directeur, à la referve de celle du 22. Juillet, qui par une efpece de miracle fe trouva hors de la caffette, mais encore tous fes propres papiers & les minutes de fes lettres? Rien n'eft plus propre à prouver la bonne foi de la Querellante, & le dol du

du Querellé, que leur conduite dans cette occafion ! Ne faut-il pas renoncer à toute pudeur, pour venir oppofer à la D. Cadiere, que s'il y avoit eu une pareille le t
tre, èlle l'auroit en fon pouvoir, dans le tems qu'il les a toutes retirées, à l'exception
de celle du 22. Juillet ? & ne fuffit-il pas que l'exiftence & la teneur en foient prouvées par la Procedure ?

Le fecond fait, eft qu'il avoit envoyé à fa Penitente un formulaire de confeffion,
contenant le détail des fautes dont elle devoit s'accufer, avec défenfes de rien dire
de plus, au cas qu'elle fe confeffât au Directeur du Monaftere, ou à un autre qu'à
lui, comme il eft prouvé par la dépofition de la Demoifelle Victoire Aubert, 30e.
témoin, & par la confrontation de la Dame de Lefcot avec la D. Cadiere, qui
difent d'avoir vû ce formulaire.

L'Accufé oppofe, 1o. que la D. Aubert eft la niece de l'Abbeffe, qu'il dit être
déchaînée contre lui. 2°. Qu'il fe trouve de ces formulaires dans prefque tous
les Livres. 3*. Que s'il avoit été en commerce avec elle, il ne l'auroit pas laif-
fée confeffer à un autre. 4o. Qu'elle ne pouvoit pas ignorer qu'un pareil commerce
ne fût un peché, & que l'omiffion volontaire de quelque peché mortel ne rende
la confeffion nulle.

Quelle odieufe défenfe de la part de celui qui étoit le feul auteur de tout le mal !
1°. C'eft une impofture que l'Abbeffe d'Ollioules foit déchaînée contre lui ; la qualité de fon témoignage prouve bien le contraire, & il l'a fi bien reconnu, qu'il n'a
propofé aucun objet, ni contre la tante, ni contre la niece.

2°. C'eft précifement parce qu'on trouve des formulaires de confeffion dans plufieurs Livres, que la Querellante n'avoit pas befoin qu'il lui en envoyât, & que celui qu'il lui avoit mandé, ne pouvoit avoir pour objet que de lui regler ce qu'elle
devoit dire à un autre Confeffeur, & ce qu'elle lui devoit cacher : d'ailleurs, ces
formulaires ne font neceffaires qu'à ces gros Chrêtiens, qui croiroient de faire un
peché s'ils fe confeffoient plus d'une fois l'an, pour aider leur memoire ; mais non
pas à une Dévote qui fe confeffe toutes les femaines.

3°. La D. Cadiere étant dans un Couvent obligée de communier fouvent avec toute
la Communauté, & l'Accufé refidant à Toulon, chargé des occupations du Recto-
rat, pouvoit il être toûjours au Couvent lorfqu'elle avoit befoin de fe confeffer ;

4°. N'avons-nous pas prouvé qu'à la faveur des abominables maximes du Quiétifme, il lui avoit perfuadé que ce commerce avec lui, bien loin d'être un peché, il
étoit au contraire une bonne œuvre, & un effet de la grace & de l'amour divin.
Enfin le témoignage de la D. Aubert n'eft-il pas foûtenu par celui de la Dame de
Lefcot, 20e. témoin, dans fa confrontation avec la D. Cadiere ;

La fixiéme preuve de cet Incefte fpirituel, eft tirée des libertez criminelles que le
P. Girard eft convaincu d'avoir prifes fur fa Pénitente, dont il y a ici deux preuves.
La premiere eft tirée de fes propres aveus, & la feconde des témoins de la Procedure ; nous allons commencer par celle qui eft tirée de fes aveus, & nous refute-
rons en même tems tout ce qu'on a dit, pour perfuader que nous n'en pouvons
tirer aucun avantage, & nous ferons voir qu'on a fait ici une fi grande violence à
la verité & à la pudeur, qu'il faut avoir renoncé entierement à l'un & à l'autre, &
prendre Meffieurs les Juges & le public pour de petits enfans, ou pour des dupes,
pour avoir l'affurance de leur vouloir ainfi impofer, contre la teneur de ces aveus
qu'ils ont fous leurs yeux.

Les Jefuites nient d'abord que l'Accufé ait jamais reconnu que la D. Cadiere con-
noiffoit l'interieur des confciences ; fi cela étoit, il nous fuffiroit d'en trouver la
preuve dans les témoignages de la Procedure, & dans un nombre de témoins irreprochables, comme nous l'avons prouvé à la pag. 6. de nôtre Précis ; mais pour leur
montrer qu'ils ne difent rien qui ne foit contraire à la verité, n'eft-il pas prouvé par
fa lettre du 22. Août, dont nous avons raporté la teneur à la pag. 13. de la premiere
Partie de ce Memoire, qu'il fçavoit fi bien qu'elle avoit le fecret des confciences ?
Que pour le motif que nous avons obfervé, il lui avoit deffendu de s'expliquer,
pour un certain tems, fur l'interieur des perfonnes qui la confultoient ; & n'en a-t-il

E

pas convenu par fa réponfe au 26. Interrogatoire?Il fuffit pour les confondre, d'en raporter les termes. *Interrog. De quelle efpece étoient les vifions & les chofes extraordinaires qu'elle lui racontoit? A rep. Que c'étoient tantôt des mouvemens & des connoiffances particulieres qu'elle recevoit de ce qui fe paffoit en elle ; de ce qu'elle devoit faire ; de ce qui fe paffoit chez les autres ; des vifions des Saints & des paroles interieures.* Ces connoiffances particulieres qu'elle recevoit de ce qui fe paffoit en elle, & de ce qui fe paffoit chez les autres, & ces paroles interieures; qu'eft-ce que cela fignifie? N'eft-ce pas l'interieur des confciences? Et les Jefuites croyent-ils d'éblouïr les gens avec des fophifmes & des fauffetez?

S'ils nous reprochent d'avoir foûtenu que leur Confrere avoit avoüé formellement d'avoir fait accepter l'état d'obfeffion à la D. Gadiere, nous n'avons jamais rien dit de femblable, quoique nous euffions pû conclurre un pareil aveu de celui qu'il a fait; qu'elle l'avoit confulté pour fçavoir fi elle devoit accepter cet état d'obfeffion; que bien loin de l'en diffuader, il avoit regardé cet acte comme heroïque, & pratiqué par plufieurs Saints, & qu'elle avoit été veritablement obfedée; car n'eft-ce pas-là un aveu affez précis de la part d'un homme à direction d'intention? Mais n'avons-nous pas prouvé, d'une maniere fans replique, à la pag. 7. de notre Precis, qu'il étoit l'auteur de cette obfeffion, & qu'il l'avoit faite accepter à la D. Cadiere, & à plufieurs autres de fes Penitentes? On affecte de venir mêler ici des faits étrangers à l'Incefte fpirituel pour en faire perdre les idées ; mais revenons à fes aveus qui regardent ce chef d'accufation, ils fe réduifent à trois.

Le premier, eft celui que l'Accufé a fait fur le 24. Interrog. d'avoir vû 4. à 5. fois les Stigmates des pieds de la D. Cadiere, dont il fait la defcription. Ces Jefuites difent *qu'il ne les a vûës que trois fois dans l'efpace de 4. mois, que cela ne marquoit pas une grande curiofité de fa part, bien loin de prouver aucun mauvais deffein;* mais ces deux lignes renfement deux menfonges bien averez. Le premier, eft de dire qu'il n'a vû les Stigmates des pieds que trois fois, tandis qu'il convient par fa reponfe à cet Inrerrogatoire, de les avoir vûs *quatre ou cinq fois.* On ne le foupçonnera pas fans doute d'avoir voulu exagerer. Le fecond, eft de dire que c'eft dans l'efpace *de quatre mois,* dans le tems qu'il eft convenu que les Stigmates des pieds n'avoient commencé que le Vendredi Saint 7. Avril 1730. & qu'elle étoit allée au Couvent le 5. Juin fuivant; on ne trouve pas dans cet intervale les quatre mois pour faire encore à leur Confrere un fujet de loüange, d'avoir borné l'examen & la vifite de ces Stigmates à trois fois comme ils le difent, ou à cinq fois comme il l'avance. A l'égard de la broderie dont il affaifonne fes aveus, nous lui avons déja declaré, & nous en reïterons ici une fois pour toutes la declaration à fes Confreres, que nous ne fommes pas obligez de la prendre ; foit parce qu'elle eft évidemment contraire à la verité, foit parce que c'eft une maxime certaine, & qui n'eft pas conteftée, que les aveus font divifibles en matiere criminelle.

Le deuxiéme aveu du Querellé eft celui qu'il a fait fur le 77. Interrog. d'avoir vû le Stigmate du côté, & dit *que cette playe étoit à quatre doigts au deffous du teton gauche:* & fur le 78. il avoüe en termes envelopez, de l'avoir baifé; fes Confreres n'ofent pas contefter cet aveu d'avoir baifé ce Stigmate, & ils fe reduifent à dire qu'il n'a avoüé d'avoir vû ce Stigmate du cœur *que deux fois dans l'efpace de quatre mois.*

Mais c'eft toûjours là la reïteration de deux menfonges; nous venons de prouver celui qui regarde le tems ; l'autre eft encore prouvé par la réponfe de l'Accufé fur ce 77. interrog. car bien loin de dire qu'il n'a vû cette playe que deux fois, il dit au contraire *qu'elle étoit ordinairement fanglante,* ce qui fupofe qu'il la voyoit donc *ordinairement* ; en effet la D. Cadiere avoit innocemment avoüé dans un tems non fufpect, à la Batarelle & aux Alemandes mere & fille, que toutes les fois qu'il l'alloit voir, ce qui arrivoit prefque tous les jours, furtout depuis le carnaval jufques au mois de Juin, d'abord qu'il étoit entré, il lui mettoit la main dans le fein & lui fuçoit même le Stigmate du cœur; mais ce feul aveu d'avoir vû plufieurs fois, & même baifé ce Stigmate *quatre doigts au deffous du teton* d'une jeune fille, avec laquelle il étoit enfermé ſeul dans ſa chambre, ne ſuffiroit-il pas pour prouver le commerce & l'inceſte, à moins que les Jeſuites ne nous prouvent qu'ils ne ſont pas petris du même limon que les autres hommes, & que leur *pureté*, leur chaſteté ſurpaſſe celle des Anges.

Le troiſiéme aveu de l'Accuſé, eſt celui qu'il a fait ſur le 12. interrog. de ſes ſecondes reponſes où il convient d'avoir touché les côtes de ſa Penitente, & l'os ſternon de devant ſa poitrine, relevées par une ſurabondance de graces, ce qui n'étoit de la part de ce Directeur, qu'un faux pretexte pour manier le ſein de ſa Devote, puiſqu'elle n'a jamais eu de côte ainſi relevée, & ſi on l'a dit dans le Carême, c'eſt parce qu'il le lui avoit fauſſement perſuadé. Ici les Jeſuites uſent de tout leur art; ils metamorphoſent les côtes & l'os ſternon de devant la potrine à une *clavicule*, qui eſt un os près du col; ils ne le lui font toucher que legerement du bout du doigt, entre ſon col & ſon epaule, le tout étant couvert d'un mouchoir en double, & ils font cacher leur confrere à un coin de la chambre vers la fenêtre, où ils lui ferment les yeux, juſques à ce qu'elle ſe fût preparée à lui montrer ou le Sigmate du côté ou cette clavicule & qu'elle n'eût de découvert préciſement que la clavicule ou le ſtigmate du cœur.

Qu'il auroit été curieux de voir ce Jeſuite dans la ſituation où ſa pudeur & ſon amour pour la chaſteté l'avoient mis, dans un coin de la chambre de ſa Devote! mais n'eſt-ce pas ce même Jeſuite qui l'avoit fait mettre en chemiſe, le 22. ou le 23. May, où par un rafinement de volupté, il lui avoit donné la diſcipline? n'eſt-ce ce Jeſuite qui dans ſa lettre du 22. Juillet diſoit *qu'il vouloit tout voir, & qu'il y avoit long-tems qu'il n'avoit rien vû qu'à demi?* Si l'inſpection de la moitié du corps de ſa Devote, qu'il faiſoit par la fenêtre du parloir, lorſqu'elle étoit au Couvent, ne ſuffiſoit pas pour le contenter, s'il vouloit *tout voir*, s'il ſe plaignoit de ce qu'il y avoit long-tems qu'il *n'avoit rien vû qu'à demi*; ce qui ſupoſoit neceſſairement qu'autre fois il avoit donc *tout vû*: à qui veulent donc perſuader ſes confreres, qu'enfermé dans la chambre de ſa Penitente, & en toute liberté, il n'avoit vû préciſement de ſon corps que le Stigmate qu'elle avoit *quatre doigts au deſſous du teton gauche, & les côtes & l'os ſternon* de devant ſa poitrine, & que juſques à ce qu'elle eût mis tout le reſte à couvert & en ſûreté, il renonçoit à l'uſage de ſes yeux, & ſe cachoit à un coin de la chambre en lui tournant le dos : mais d'où vient qu'il n'attendoit pas cela hors de la chambre, qu'il prenoit la precaution de s'enfermer dedans?

En ſecond lieu, veulent-ils avoir plus de mauvaiſe foi que leur confrere, quand ils changent les côtes & l'os ſternon de l'eſtomach en une *clavicule*? Nous n'avons beſoin pour toute preuve que de leur aporter ici l'interrogatoire & la réponſe. Inter. *s'il n'a pas vû deux côtes relevées qu'elle avoit, & l'os ſternon relevé de deux doigts par l'abondance des graces qu'elle recevoit & un excès d'amour pour Jeſus-Chriſt, à peu près comme St. Philippe de Neri :* A répondu, *qu'elle lui avoit dit, ainſi qu'elle l'a mis dans ſon Carême : qu'il ne les a point vûes, mais qu'il les a touchées par deſſus le mouchoir qu'elle portoit au col; ſur quoi le Répondant lui dit de prendre garde que cette diſpoſition ne vint d'une mauvaiſe information de naiſſance, ou de quelque coup qu'elle auroit reçû étant petite, & qu'il ajoûta que le Répondant avoit auſſi le côté de ſa poitrine plus elevé, ce ne prevenoit que d'une conformation irreguliere.*

Cette reponſe renferme deux preuves qu'il ne s'agiſſoit pas là d'une clavicule, bien des deux côtes & *de l'os ſternon* de devant la poitrine. La premiere de ces preuves eſt tirée de ce que dans l'interrog. on lui demanda s'il a vû les deux côtes & *l'os ſternon*; & par ſa reponſe il dit que veritablement il ne l'a pas vû, *mais que veritablement il les a touchez.* cette reponſe eſt relative à la demande, & regarde les côtes & l'os *ſternon* contenus dans l'interrogatoire; & pour pouvoir venir dire aujourd'hui qu'il n'a touché qu'une *clavicule*, il faudroit qu'il eût répondu qu'il ni vû ni touché *les côtes & l'os ſternon* de devant la poitrine, mais ſeulement une clavicule qui eſt un os proche du col.

La seconde preuve, se tire de ce que l'Accusé a si bien pretendu dans sa reponse parler du côté de la poitrine de sa Devote, qu'il dit lui avoir ajoûté, *qu'il avoit lui même ainsi le côté droit de sa poitrine plus élevé* ; ce qui fit voir qu'il s'agissoit de l'examen du côté de la poitrine, & que pour obliger sa Penitente à lui montrer sa poitrine, il disoit qu'il avoit la sienne faite de la même façon, apparemment que c'étoit lorsqu'il lui persuadoit de faire choquer les poitrines, suivant les dépositions de la Batarelle & de l'Allemande, mere & fille, car il lui persuadoit que c'étoit la volonté du bon Dieu, qu'il lui appliquât à nud sa poitrine sur la sienne.

Or l'aveu d'avoir manié à une jeune Fille, avec laquelle il s'étoit enfermé, les côtes & l'os sternon de devant la poitrine, qu'il ne pouvoit toucher qu'en passant la main ou par le sein, par un endroit encore plus perilleux ; ne suffiroit-il pas tout seul pour prouver la consommation du crime, & n'est-ce pas parce que ses Confreres en sont très-persuadez, qu'ils ont inventé toutes ces faussetez que nous venons de détruire ? Nous reservons l'aveu qu'il a fait de s'être enfermé huit à neuf fois avec elle, comme la derniere preuve de cet inceste spirituel, qui n'auroit besoin du secours d'aucune autre, & nous allons poursuivre le détail de autres libertez criminelles prouvées par les témoins.

1°. Il est prouvé par le recollement de la Dame de Lescot, 20°. témoin, par celui de la Sœur de Prat. 24°. de Lucrece Materone, 25°. & par les dépositions de la Dame de Guerin, 26°. & de la Demoiselle Hermite, 94°. qu'il faisoit fermer la D. Cadiere dans le chœur interieur, & qu'il se fermoit dans l'Eglise pour parler ensemble. Quand on n'a rien de suspect à faire, ni à dire, on ne prend pas la precaution de se fermer.

2°. Il est prouvé par la déposition de la Dame de Guerin, qu'un jour que le P. Girard & sa Devote étoient ainsi fermez, l'un dans l'Eglise, l'autre dans le chœur, il lui touchoit la main ; & Marie Materone ajoûte, que le jour qu'il dina au Parloir, pendant tout le repas il tint sa main dans celle de la D. Cadiere : voilà bien dequoi, disent les Jesuites, de toucher la main à une jeune Fille. Nous convenons que ce n'est rien en comparaison de tout le reste : Auroient-ils quelque article dans leur Regle qui leur permit de toucher ainsi la main à leurs jeunes Penitentes, en s'enfermant avec elles ?

3°. Il est prouvé par Marie Materonne, qu'elle avoit surpris deux fois le P. Girard embrassant & & baisant sa Penitente ; l'une dans l'Eglise, & l'autre au Parloir.

Ils ne disent pas que cela ne soit tout-à-fait rien ; mais que par leur premier Memoire, ils ont fait voir la fausseté de cette déposition ; qu'il n'y a point de laquais à la porte du Parloir, & qu'une personne ne peut pas passer la moitié du corps à la fenêtre de ce même Parloir. Nous avons détruit tous ces mauvais pretextes à la pag. 58. & suivantes de nôtre Réponse ; & il est si vrai que la fenêtre du Parloir est assez grande pour qu'une personne y passe la moitié de son corps ; que quand l'officier & le Lieutenant y accederent, & que l'Official par un effet de sa partialité revoquoit ce fait en doute ; une Pensionnaire qui étoit la plus grande & la plus grosse fille du Couvent, pour le convaincre du contraire, y passa la moitié de son corps. Si la Cour y forme le moindre doute, nous consentons que ce fait soit éclairci par un raport, à la confusion de ceux qui ont le front de contester par tout la verité.

4°. Il est prouvé par la déposition de Lucrece Materone, 25°. témoin, que le 7. Juillet elle vit que le P. Girard & la D. Cadiere s'embrassoient & se baisoient, & qu'elle en avertit la Sœur de Prat. Il est vrai qu'elle-ci dit, qu'ayant regardé à travers d'une vitre, elle vit veritablement qu'ils ne se baisoient plus, mais qu'ils parloient encore tête à tête, & face à face ; & qu'un peu auparavant, elle avoit vû la Cadiere embrasser le P. Girard.

Les Jesuites disent que le témoignage, de la sœur de P. montre la fausseté de celui de Lucrece Materone, puisque cette premiere dit que quoi qu'elle eût les yeux fixez sur le P. Girard, & que Lucrece Materone lui dit qu'ils se baisoient, elle ne le vit pourtant pas, & qu'il n'est pas aparent que leur Confrere eût fait une action si indécente, en presence de l'Abbesse & de 8. à 10. Religieuses.

Mais

Mais tout cela eſt contraire à la verité : car 1. ces deux témoins diſent que le P. Girard & la cadiere s'étoient tirez en particulier , & hors de la preſence de l'Abbeſſe & des Religieuſes lorſqu'ils ſe baiſoient.

2°. Il n'eſt pas vrai que la Sœur de Prat eût les yeux ſur le P. Girard , mais ſeulement Lucrece Materone; & ſi cette premiere ne les vit pas lorſqu'ils s'embraſſoient & ſe baiſoient , c'eſt parce qu'avant qu'elle eût entendu dire à Lucrece Materone qu'ils s'embraſſoient & ſe baiſoient , & qu'elle eût tourné les yeux de leur côté , le baiſer fut donné dans cet inſtant; & ce qui ne permet pas d'en douter , c'eſt qu'elle les vit encore face à face,& qu'elle avoit déja vû la cadiere embraſſer ſon Directeur. Ici les Jeſuites ſe plaignent de ce que l'Abbeſſe & la Maîtreſſe des Novices , n'avoient pas apris à leurs Sœurs converſes à être plus ſcandaliſées de pareilles choſes , & de ce qu'elles les regardoient comme des bagatelles , eux qui canoniſent les actions de leurs confreres , qui font le ſcandale de tout le public.

3°. Le détail de la plûpart des infamies qu'il avoit commiſes ſur la D. cadiere,lorſqu'il étoit enfermé dans ſa chambre avec elle à Toulon , eſt prouvé par les dépoſitions de la Dame de Reimbaud , 12ᵉ témoin ; de la Batarelle , 38ᵉ témoin; de l'Allemande mere , 39ᵉ. de l'Allemande fille , 92ᵉ. & de la Sœur Boyer , 97ᵉ.

A cela , on oppoſe 1°. que ces témoins, à qui la D. cadiere avoit avoué tout cela avant ce Procès , font voir que ce n'eſt pas l'Official qui l'avoit forcée à ſe deshonorer par ſon accedit ; mais que c'étoit elle - même en diſant de pareilles choſes à ces témoins , & que le jour avant l'accedit de l'Official, elle avoit envoyé chez le Lieutenant pour lui faire ſon expoſition. 2°. Qu'elle n'avoit dit cela à ces perſonnes que pour ſe préparer des témoins. 3°. Qu'elle ne le leur avoit dit que dans un tems ſuſpect, & à la veille de ſon expoſition.

Mais tous ces pretextes ſont également faux. 1°. c'eſt une impoſture de dire que la veille de l'accedit de l'Official, la D. cadiere eût envoyé chez le Lieutenant pour prendre ſon expoſition ; ne diroit - on pas que l'Accuſé étoit un raviſſeur, qui devoit faire par un mariage la fortune de la Querellante ? Et à qui veut-on perſuader qu'une fille de bonne famille , d'une reputation alors auſſi entiere , & qui avoit une dot aſſez conſiderable pour s'établir d'une maniere convenable , ſi elle l'avoit voulu, eût formé l'extravagant deſſein de quereller un Jeſuite. Il faudroit renoncer aux premieres lumieres du ſens commun, pour croire une pareille démarche.

2°. Si elle avoit dit à quelques - unes de ſes amies,qui étoient des Penitentes ſtigmatiſées , ce qui s'étoit paſſé entre ſon Directeur & elle ,c'eſt parce que les autres lui faiſoient de pareilles confidences ; & c'eſt préciſement ce qui prouve la bonne foi & la ſimplicité de cette Fille;mais cela alloit-il à cette diffamation & à cet éclat, qui n'eſt que l'effet de cet inique accedit? Tout cela fait voir en même tems que ce n'étoit pas dans la vûë ridicule de ſe préparer des témoins, ni d'accuſer enſuite ce Jeſuite.

3°. Il eſt vrai que l'Allemande , mere & fille , diſent que la D. Cadiere leur avoit fait ce détail depuis ſa ſortie du Couvent , mais avant ce Procès; ce qui ſuffit pour effacer tout ſoupçon d'affectation ; car ſi on ne peut pas ſoupçonner la D. Cadiere d'avoir eu la penſée de former cette accuſation , avant qu'elle y eût été forcée par l'accedit, il s'enſuit qu'on n'y peut pas répandre plus de ſoupçon que ſi elle le leur avoit dit avant qu'elle eût quitté la direction du P. Girard ; mais enfin , n'eſt-il pas prouvé par la dépoſition de la Batarelle , & par celle de la Dame de Reimbaud , que la D. Cadiere leur avoit fait ce recit dans le tems qu'elle étoit encore ſous la direction du P. Girard, puiſque la Batarelle dit que c'eſt avant qu'elle fût au Couvent, c'eſt-à-dire , au mois de May, ou au commencement de Juin; & la Dame de Reimbaud lorſqu'elle y étoit & avant qu'elle quittât le P. Girard , ce qu'elle ne fit qu'à la mi-Septembre ; & l'aveu qu'elle fit alors à cette Religieuſe & à la Batarelle, merite d'autant mieux d'être crû,que non ſeulement il a été fait dans une circonſtance non ſuſpecte , mais encore dans un tems que joüiſſant de la reputation d'une Sainte , elle auroit eu tant d'intereſt de cacher de pareilles choſes; cela prouve l'excès de ſa ſimplicité & de ſa bonne foi.

F

Aprés cela , ne faut-il pas avoir renoncé à tout principe de verité & de pudeur, pour nous venir opposer que la D. cadiere par sa réponse au 152ᵉ. Inter. a dit *qu'elle n'a jamais rien vû d'indecent au P. Girard ; que pour les baisers elle n'en a point reçû, & qu'il a été bien éloigné d'exiger rien d'indecent d'elle ?* Car il ne faut précisément que cette reponse si évidemment fausse, & dont la fausseté est si bien prouvée par la procedure, par les autres reponses de cette Fille, par les lettres & les aveus de l'Accusé, comme nous l'avons montré par les observations que nous avons fai es sur cette réponse pour prover les violences, & les menaces dont elle se plaint, & que toutes ses réponses du 27. Fevrier, comme est celle-là ; & une partie des precedentes, & tout ce qu'on lui a fait dire dans son recolement & dans sa confrontation jusqu'au 10. Mars , sont contraires à la verité : N'est-il pas même bien odieux de voir que la Societé ose parler de cette variation , qui lui est si peu honorable ?

Les Jesuites oposent que par nos precedens Memoires , nous n'avions detaillé que les dépositions qui chargent leur confrere ; que nous n'avions presenté qu'une face de la procedure , & que nous avions laissé l'autre en arriere ; c'est-à-dire , que nous n'avions pas raporté les temoins du Promoteur : la raison pourquoi nous n'avions pas discuté les temoins produits par le Promoteur , c'est parce que nous ne croyons pas qu'une procedure aussi abusive que celle-là , fût confirmée : mais après sa confirmation n'avons - nous pas presenté à Messieurs les Juges , & au public cette autre face de la procedure , qui est encore pour les Jesuites & pour leur Confrere, plus mauvaise que la premiere, puisqu'elle fournit tout à la fois une nouvelle conviction contre lui de ses crimes , & une preuve de tous les moyens iniques qu'ils ont employez pour la blanchir , aux dépens de l'innocence : d'ailleurs qui les empêchoit de présenter eux-mêmes cette autre face ?

La derniere preuve de l'Inceste de ce Directeur avec sa Penitente , & qui suffiroit toute seule , se tire de ce qu'il s'est enfermé trés souvent avec elle dans sa chambre; 1° il est prouvé par le recolement de Marie Materone huitiéme témoin ; par celui de l'Abbesse 19ᵉ. par celui de la Dame de Lescot 20ᵉ. de la Dame de Guerin 26ᵉ & par la deposition de la Dlle Hermite 94ᵉ. que le 7. Juillet il resta enfermé avec la D. Cadiere dans sa chambre, au couvent d'Ollioules, dépuis 9. heures du matin jusques à midy , & que dépuis lors jusqu'à 4. heures , la porte ne fut que poussée : l'Accusé a beau nier ce fait ; il a beau avoir fait dire le contraire à deux faux témoins du Promoteur , dont nous avons prouvé la subornation & la fausseté par l'Analise ; ni le témoignage de deux pareils témoins , ni le sien , ne peuvent pas l'emporter sur celui de cinq témoins irreprochables , qui disent d'avoir vû la porte fermée pendant ces trois heures , & dont plusieurs ajoûtent même d'avoir entendu quand le P. Girard la fermoit en dedans , puisque sa Penitente qui étoit au lit ne pouvoit pas la venir fermer.

2°. Il est prouvé par plusieurs témoins raportez dans nôtre precis page 20. que depuis le mois de Decembre , qui est l'époque de l'obsession , jusqu'au 5. Juin , le P. Girard avoit frequenté assiduëment chez la D. Cadiere , & qu'il lui faisoit des longues visites, & la Servante qui est ici un temoin necessaire pour un fait domestique, depose que depuis le carnaval jusques au 5. Juin, il s'étoit enfermé presque journellement dans la chambre de sa Devote, où il restoit les 3. à 4. heures.

l'Accusé opose qu'il y a deux contrarietez entre la deposition de la servante & l'exposition de la D. Cadiere; il fait consister la premiere en ce que la servante ne fait commencer les visites qu'au Carnaval 1730. & que la Querelante les fait remonter jusques au mois de Decembre precedent, tems du commencement de l'obsession; & la seconde en ce que cette servante dit que depuis le carnaval ce Jesuite alloit presque tous les jours voir la D. Cadiere , & s'enfermoit avec elle tandis que celle-ci dit dans son exposition que tous les jours du Carême , à une heure aprés midi, il lui disoit de l'aller trouver aux Jesuites , & qu'avant que d'entrer au confessional il l'embrassoit & la baisoit ; & on ajoûte qu'il ne se peut pas que pendant le Carême il se soit enfermé dans la chambre de la cadiere, & qu'il ait joüi d'elle pendant ses accidens, puisque son obsession avoit fini à la mort de la Sœur de Ramusat , &

vers le 20. Fevrier ; mais ce ne font là que de mauvaifes équivoques.

1°. La fervante ne dit pas qu'avant le carnaval, l'Accufé n'eût fait aucune vifite à fa Penitente , mais elle dit feulement que depuis le carnaval jufqu'au 5 Juin d'aprés , il alloit prefque tous les jours la voir dans fa chambre , & qu'il fe fermoit à clef, & n'en fortoit que fur le foir , & cela n'a rien d'incompatible avec ce qu'a dit la D. Cadiere, que depuis le mois de Decembre il avoit commencé de la vifiter , & que depuis le carnaval d'après il avoit redoublé fes vifites , & les avoit renduës prefque journalieres.

L'autre contrarieté n'eft pas moins chimerique : la fervante dit feulement qu'un jour du carême elle alla prendre la D. Cadiere qui étoit à l'Eglife des Jefuites , & cette derniere dans fon expofition dit que quand la fanté lui permettoit pendant le carême , d'aller aux Jefuites l'après diné , le P. Girard la faifoit entrer dans l'r glife, où il n'y avoit perfonne, & qu'avant d'entrer au Confeffional , il l'embraffoit & la baifoit à la bouche ; & que quand il la venoit voir dans fa chambre, qui étoient les jours qu'elle ne fortoit pas , il s'enfermoit à clef avec elle , lui faifoit des attouchemens à fes parties , &c. C'eft à-dire , que pendant le Carême, quand fa fanté le lui permettoit , elle alloit de l'ordre du P. Girard le voir aux Jefuites , & il la baifoit dans l'Eglife ; quand fa fanté ne lui permettoit, pas il la venoit voir à fa chambre , s'enfermoit avec elle , & prenoit fur elle toutes fortes de libertez : où eft la contrarieté dans tout cela ?

3° N'avons - nous pas fait voir par nôtre réponfe à la feconde deffenfe de l'Accufé , que l'obfeffion n'avoit pas fini à la mort de la Sœur de Remufat , arrivée au mois de Fevrier 1730. & qu'elle avoit continué jufques au mois de Novembre fuivant.

En troifiéme lieu, l'Accufé n'a-t-il pas avoüé par fa reponfe au 82e interrog *qu'il s'eft enfermé à clef huit à neuf fois dans la chambre de fa penitente* ; en faudroit-il davantage ni même tant pour le convaincre de l'incefte fpirituel dont il eft accufé ?

Il n'eft forte de mauvais pretextes que les Jefuites n'ayent imaginé: mais inutilement , pour éluder la force de cet aveu , tantôt ils difent que cela n'eft arrivé qu'après Pâques ; tantôt que ce n'étoit que pour quelques inftans, pour voir de pretendus miracles , ou les Stigmates de fa Penitente qu'il falloit tenir cachez ; & que la porte n'étoit que pouffée ; tantôt par lui , tantôt par fa Penitente ; & enfin qu'il faut avoir égard au caractere des perfonnes & aux circonftances, & nous citent l'exemple du patriarche Jofeph , mais ce ne font là que des menfonges averez , la plus-part même détruits par les réponfes de leur Confrere ; Car , 1° outre qu'il eft prouvé par plufieurs temoins, que fes vifites avoient commencé trois ou quatre mois avant Pâques , & par la dépofition de la Servante , que depuis le Carnaval,il s'étoit enfermé prefque journellement dans la chambre de fa maîtreffe : d'ailleurs ce fait n'eft-il pas prouvé par fes propres aveus ? Nous avons déja remarqué que l'Accufé avoit fauffement perfuadé à la D. Cadiere que fon obfeffion avoit fini le 20. Fevrier , & il l'a foûtenu ainfi par fa réponfe au 45. interrog, ainfi toutes les vifites qu'il avoüera lui avoir faites pendant l'obfeffion doivent être placées entre le mois de Decembre 1729. & le 20. Février 1730.

Or fur le 52e. Inter. il dit , *qu'avant l'obfeffion il ne l'avoit pas vifitée , & que depuis lors il lui faifoit des vifites.* par le 53e. Inter. *on lui demande en quel état il trouvoit la Cadiere lorfqu'il alloit chez elle , lors de fon obfeffion.* A rep. *Qu'il la trouvoit tantôt lévée tantôt couchée.* Par le 54e. on lui demande s'il reftoit feul avec elle ; il répond *que quelquefois il y reftoit feul.* Par le 57e. on lui demande *s'il l'a vûë au lit dans cet état d'obfeffion ;* il dit qu'oüi , *mais qu'elle étoit habillée dans fon lit.* Nous avons déja montré la fauffeté de cette derniere circonftance. Par le 58e. Si en cet état ces mouvemens convulfifs ne lui faifoient pas commettre des immodefties ? A rep. *Que non, qu'elle ne faifoit que roidir fes bras , & fe plaindre de ce qu'elle fouffroit.* Par le 59e. S'il étoit feul avec elle , & ce qu'il lui faifoit? A rep. *Qu'il attendoit que l'accident lui eût paffé , pour lui parler de Dieu.* Toutes ces viſites à porte fermée, ſont pendant le tems où il place l'obſeſſion, & par conſequent elles ſont avant le 10. Fevrier; & alors il s'enfermoit ſeul avec elle pendant la durée des accidens, ſous le faux pretexte d'attendre qu'ils euſſent paſſé pour lui parler de Dieu, & cependant il joüiſſoit d'elle; doncques il eſt prouvé par ſes propres aveus, qu'il s'eſt enfermé avec elle, non-ſeulement avant Pâques, mais même avant le Carême.

Le ſecond pretexte, que ſes viſites ainſi à porte fermée n'ont duré qu'un inſtant, eſt détruit par l'aveu de leur confrere, ſur le 60e. Inter. *Int. Si ſes viſites étoient longues? A rep. Que quelquefois elles étoient d'une heure, & point au-delà.* Il a convenu qu'elles étoient au moins d'une heure, & non pas d'un inſtant, comme ils le diſent ici contre la verité; mais n'eſt-il pas prouvé par pluſieurs témoins, & ſur tout par Loüis Remoüil 5e. témoin, & par la Servante, que ces viſites étoient de 3. ou 4. heures, & qu'il y paſſoit toute l'apres-dîné?

Le troiſiéme pretexte, fondé ſur ce que ſes viſites à porte fermée étoient pour voir les Stigmates, ou les côtes relevées par ſurabondance de graces, ou les transfigurations, ou pour ſe faire remettre une ſerviette & des coëffes teintes de ſang, eſt encore plus faux. 1°. Parce que dans les viſites que nous avons détaillées, & qu'il lui avoit faites le Vendredi Saint, ce ne pouvoit pas être pour voir ni des transfigurations, ni des ſtigmates, ni des côtes relevées, ni pour ſe faire remettre des ſerviettes, ni des coëffes teintes de ſang du viſage, & de la couronne, puiſqu'elle n'avoit encore rien de tout cela. 2°. Pour ſe faire remettre une ſerviette, des coëffes, & une croix, il n'auroit pas eu beſoin de s'enfermer avec elle, encore moins pendant trois ou quatre heures.

3o. Même après Pâques, il ne peut pas dire qu'il ſe fût enfermé pour tenir cachez les miracles de la D. Cadiere, qui ne conſiſtoient qu'à ces ſtigmates, & à ces deux transfigurations, que perſonne n'ignoroit à Toulon; puiſqu'il eſt prouvé par la Procedure, que lors des deux transfigurations qu'elle avoit eu à Toulon, l'une le Vendredi Saint, & l'autre le 8. May, la chambre de la D. Cadiere étoit pleine de monde, comme il en convient lui-même par ſa réponſe au 87e. Inter. & que la Cadiere, de ſon ordre, montroit ſes ſtigmates à qui vouloit les voir, à l'exception de celui du cœur, qui étoit reſervé pour l'Accuſé.

Il ne peut pas dire non plus, qu'il eût pû s'enfermer pour examiner ſi ces playes étoient naturelles, ou ſurnaturelles; ſoit parceque cela n'auroit pas été de ſa connoiſſance, & qu'il auroit fallu faire faire cet examen à des Medecins, comme nous le lui avons toûjours opoſé, à quoi il n'a ſçû que repondre; ſoit parceque s'il avoit voulu le faire lui-même, il auroit du moins dû prendre la precaution d'y faire aſſiſter la Mere qui étoit inſtruite de tout, & non pas s'enfermer tout ſeul pour lui patiner tout le corps; ſoit enfin parce qu'il n'avoit pas beſoin de faire aucun examen, puis qu'il n'avoit aucun doute là deſſus, comme nous l'avons prouvé invinciblement à la page 9 & ſuivantes de nôtre Reponſe à ſon premier Memoire, & qu'il avoit declaré definitivement ces playes de vrais Stigmates, tous les faits extraordinaires, des miracles, & la Cadiere une Sainte, quoiqu'il ſçût que ce ne fuſſent là que des preſtiges de l'obſeſſion.

4° Ne faut-il pas avoir renoncé à toute verité pour nous venir dire qu'alors la porte n'étoit pas fermée, & qu'elle n'étoit que pouſſée, tantôt par lui, & tantôt par la Cadiere, tandis qu'il eſt prouvé par la reponſe de l'Accuſé au 83. interrog. que pendant ces 8. à 9. fois, la porte étoit fermée à clef.; voici ſes propres termes; *qu'il eſt vrai qu'il s'eſt trouvé fermé à clef dans la chambre de la Cadiere, que cela n'eſt arrivé que 8. à 9. fois.* Toutes les deffenſes que les Jeſuites prêtent à l'Accuſé, ne ſont donc fondées que ſur des fauſſetez; eſt-ce ainſi qu'ils pretendent prouver au public ſon innocence? N'ont-ils pas à craindre que ce public, juge ſi éclairé & ſi integre, qui eſt déja ſi indigné des crimes de leur Confrere, ne le ſoit encore plus de leur mauvaiſe foi?

Enfin bien loin que l'exemple de Joſeph, qui eſt le ſeul qu'ils reclament, leur ſoit favorable, il leur eſt abſolument contraire? Joſeph ſort de la chambre de ſa

Maîtreſſe,

Maîtreffe, pour fuir les follicitations impudiques, & laiffe fon manteau: ce Direc-teur s'enferme dans la chambre de fa Penitente, la fait dèshabiller pour contenter fon infame paffion: quelle comparaifon ! mais s'ils prenent leur confrere pour leur chafte Jofeph, pour leur Patriarche de chafteté; quelle idée veulent - ils donner au public de leur pureté?

Loin que la qualité de Confeffeur & de Jefuite puiffe excufer le Querellé de s'ê-tre ainfi enfermé avec fa jeune penitente, c'eft précifement ce qui rend fa conduite encore plus criminelle; car dans nôtre premier Memoire, n'avons - nous pas prouvé par la difpofition formelle de la Loi, & des canons, qu'il eft feverement defendu aux confeffeurs de s'enfermer avec leurs penitentes, fous quelque pretexte que ce puiffe être, & que la regle des Jefuites *tit. de facerdot. n.* 18. leur en a renouvellé la deffenfe d'une maniere encore plus particuliere;& qu'enfin c'eft une maxime conf-tante parmi les Docteurs, que cette circonftance toute feule forme une prefomp-tion, *juris & de jure*, de cet Incefte fpirituel ;enforte que cette feule preuve nous fuf-firoit : mais que fera ce fi l'on y joint celle de tant de libertez criminelles & d'infa-mies, tirée de plufieurs témoins irreprochables,des lettres & des aveus mêmes de l'Ac-cufé ? Y eut - il jamais un crime de cette efpece mieux prouvé ? & ne faudroit-il pas fermer volontairement les yeux à la lumiere, pour y former le moindre doute ?

SUR L'AVORTEMENT.

Les Jefuites ont fait ici des efforts extrêmes pour tâcher de detruire les preu-ves de l'avortement ; & ils ont pouffé la licence du raifonnement fi loin, qu'ils ont conclu que s'il n'y a point d'avortement, il n'y a point d'Incefte fpirituel ; ils a-voient déja fait un pareil raifonnement dans leur premiere partie, & même dans le chap. de l'Enchantement en foûtenant que s'il n'y avoit point de Sortilege, il n'y avoit point d'Incefte. Nous fommes furpris que ceux qui enfeignent l'art de bien rai-fonner, raifonnent fi mal, & qu'ils tirent de fi fauffes confequences; ne diroit - on pas qu'on ne peut plus abufer d'une fille, & un Directeur de fa Penitente, fur la-quelle il a toute forte d'afcendant, s'il n'emploit pas la magie ; & qu'une fille qui ne s'avorte pas eft encore vierge ? il faudra donc à l'avenir qu'on commence par l'a-vortement, & puis on en viendra à l'Incefte ou au commerce. La raifon a - t-elle jamais été plus mal traitée, qu'elle l'eft dans les deffenfes de l'Accufé ? Eh quoi ! fi cette fille s'étoit trompée, par exemple, & qu'elle eût crû que cette grande perte de fang, eût été l'effet d'un avortement, & qu'au fonds elle ne l'eût pas été, s'en-fuivroit - il de là qu'il n'eût pas abufé d'elle ? Nous allons montrer la fauffeté de tous les pretextes qu'ils ont employez pour tâcher d'affoiblir les preuves de cet avorte-ment, & faire voir qu'elles ne fçauroient être plus complettes.

Ils oppofent 1º. que quoique la D. Cadiere ne fixe pas le tems de fon avorte-ment, dans fa plainte devant le Lieutenant de Toulon, dans laquelle elle entaffe, dit-on comme il lui a plû, fans ordre, & fans fpecifier aucune date, les crimes dont elle charge fon confeffeur : cependant dans fes réponfes à l'Official, aufquelles elle a declaré d'infifter, auffi bien qu'à fon expofition devant le Lieutenant, par la revocation qu'elle a faite de fa variation, elle parle de l'avortement avant que de parler des playes qu'elle reçût dans le Carême ; ce qui fait voir, pourfuit-on, qu'el-le le place avant le carême, dans un tems que fa fervante par fa dépofition place le pot plein de fang qui eft l'epoque de la bleffure, quatre jours après Pâques, ce qui forme une contrarieté, & fait voir que la cadiere n'a pas dit la verité.

Cette objection n'eft fondée que fur des équivoques bien faciles à démêler. 1º. Si la D. cadiere a jetté tous les faits pêle - mêle, fans aucun ordre de date ni de tems, comme on convient, on ne peut donc pas conclure de là que, parce que dans les réponfes prifes par l'Official elle aura parlé des circonftances de fon avortement, avant que de parler des playes qui lui étoient venuës dans le carême, l'avortement foit arrivé avant le carême : pour que cette confequence fût jufte, il faudroit qu'elle eût fuivi exactement l'ordre des tems, & qu'elle eût fpecifié la date de chaque fait;

G

mais d'abord qu'on convient que cet ordre n'a pas été suivi , on ne peut tirer aucune conséquence de l'ordre d'écriture.

2°. Bien loin qu'on puisse regarder comme un artifice de la D.Cadiere, & comme
une preuve de complot , d'avoir jetté ainsi les faits péle-mêle , sans ordre de tems &
sans date : c'est précisement ce qui prouve le contraire , puisque s'il y avoit eu ici
un complot , on auroit préparé une exposition avec beaucoup d'art , & beaucoup
d'ordre , & on auroit donné un arrangement à tous les faits ; & si elle les jetta ainsi
sans ordre & sans date , c'est parce qu'elle fut surprise par l'Official , lors de cet accedit, qu'elle étoit encore au lit,& qu'elle dit les faits à mesure qu'ils se presentoient
à sa memoire ; il est même surprenant comment elle pût se rapeller sur le champ un
si grand nombre de faits , & voilà la seule cause de cette interversion d'ordre qu'on
trouve dans le Verbal d'accedit : outre que la maniere de l'interroger y a beaucoup
contribué , & en même tems la raison pourquoi elle n'a pas pû marquer , ni dans ce
Verbal , ni même dans l'exposition qu'elle fit devant le Lieutenant , le même jour
la date des faits.

3°. Dans l'exposition faite devant le Lieutenant , le même jour où elle étoit un peu
plus assurée,& où elle avoit rapellé ses idées avec un peu plus de certitude ,elle a parlé du Carême , & de ce qui s'y étoit passé avant que de parler de l'avortement : & elle a parlé de l'avortement, avant que de faire mention du jour de la discipline,ce qui
fait voir qu'elle a placé l'avortement entre le Carême & le mois de May , qui est le
tems de la discipline : en sorte que s'il y avoit ici quelque difference entre l'exposition
& le Verbal incompetant de l'Official , il faudroit s'en tenir à l'exposition préfera-
blement à ce Verbal ; & quoique par la revocation de sa variation elle ait insisté à l'un
& à l'autre,neanmoins il faudroit toûjours les concilier,& subordonner le Verbal d'accedit à l'exposition prise par le Lieutenant ; ainsi ce que la D. Cadiere a dit , s'accorde avec la déposition de la Servante , & l'Accusé a d'autant plus mauvaise grace
de faire ici cette équivoque , que par sa réponse au 106e. Inter. il a placé lui - même
le pot de sang,qui est l'équivoque de l'avortement,après Pâques.Enfin n'est-il pas bien
surprenant qu'on veuille ici fixer l'époque de l'avortement avant le carême , tandis
que d'un autre côté on veut placer celle de la joüissanc au 22. ou au 23. May suivant.

Les Jesuites opposent en second lieu , qu'ils ont déja fait voir dans la premiere
partie , que la D.cadiere par ses réponses , lors de l'accedit de l'Official , a fixé l'é-
poque de la joüissance après le voyage d'Aix , & au 22. ou 23. May : ce qui fait
voir , dit-on , qu'il n'y a eu aucun avortement , ni avant , ni après Pâques : & on
ajoûte ici que ce qui ne permet pas de douter qu'il n'avoit pas joüi d'elle avant le
jour de la discipline , c'est qu'il prétend que ce jour - là il lui dit , *il faut auparavant
que vous me juriez fidelité , que vous me garderez le secret inviolable : car si
vous veniez à parler de cela , mon Enfant , vous me perdriez , ce qu'elle lui pro-
mit , &c.* Nous avons montré l'équivoque & la fausseté de cette objection aux pag.
19.& 20. de la premiere Partie de ce Memoire , d'une maniere sans replique ; & que
bien loin que le Verbal d'accedit prouve qu'il n'avoit joüi d'elle que le jour de la discipline , il prouve au contraire qu'il en avoit joüi plus de 4. mois auparavant ; & si le
P. Girard lui demanda seulement le jour de la discipline de lui jurer fidelité , & de
ne point parler de ce qu'il alloit faire , c'est parce qu'auparavant , comme il joüissoit
d'elle dans un tems qu'elle étoit hors de ses sens , ou par une extase , ou par un accident, il n'avoit pas besoin de prendre la precaution de lui demander le secret ; mais
le jour de la discipline il avoit besoin de prendre cette precaution , parce qu'elle avoit
alors l'usage de ses sens.

En troisiéme lieu , on oppose que la D. Cadiere dans son exposition , dit qu'elle
fut trois mois sans voir ce qui lui est ordinaire , d'où il s'ensuit qu'il y avoit donc
trois mois qu'elle étoit grosse : or en fixant l'avortement à 3. ou 4. jours après Pâques , ces trois mois remonteroient au commencement de Janvier : cependant la Servante fixe le commencement des visites à porte fermée au carnaval , ce qui fait voir
la fausseté de cet avortement,

Cette objection roule sur deux équivoques. La premiere , est de prétendre que parce que la D. Cadiere n'avoit pas vû depuis trois mois ce qui lui étoit ordinaire; elle étoit donc enceinte de 3. mois, tandis que cela n'emportoit que deux suppressions de ses regles. Et en effet quand une femme ou une fille qui a eu ses regles, par exemple le 1. Janvier, devient enceinte le 30. du même mois; le 1. Avril il y a 3 mois qu'elle n'a pas eu ses regles, cependant il n'y en a que deux qu'elle est enceinte: ainsi de ce que la D. cadiere a dit qu'il y avoit 3. mois qu'elle n'avoit pas eu ce qui lui étoit ordinaire, il s'ensuit bien tout au plus qu'elle étoit enceinte de deux mois, & un jour ou deux, mais non pas qu'elle le fût de trois mois; & par conséquent, en comptant ces deux mois depuis le 14. ou le 15. Avril, jour de la blessure, l'époque de la grossesse auroit pû être depuis le 11. jusqu'au 15. Février précedent, & par conséquent dans le carnaval.

La seconde équivoque, consiste en ce que la Servante a bien dit que d puis le carnaval alors dernier le P. Girard venoit presque tous les jours visiter la D. Cadiere, & qu'il s'enfermoit avec elle pendant 3. ou 4. heures; mais elle n'a pas dit qu'avant le Carnaval il n'y venoit point absolument, & n'avons - nous pas fait voir au chap. précedent, & aux p. 22. & 23. par plusieurs témoins, & même par ses propres aveus, que ses visites à porte fermée avoient commencé depuis le mois de Décembre, & que toute la difference qu'il y avoit, c'est qu'avant le carnaval il n'y venoit qu'une ou deux fois la semaine, & que depuis lors il y venoit presque tous les jours.

En quatriéme lieu, les Jesuites opposent que le Memoire du Carême, prouve que pendant ce tems - là elle ne pouvoit pas être enceinte de 3. mois, soit parce que le 7. Avril, jour du Vendredi Saint, elle avoit eu une transfiguration d'un sang periodique, parce, disent-ils, qu'ils ont montré que toutes les transfigurations étoient arrivées le 7. ou le 8. de chaque mois, & qu'elles avoient été faites avec du sang de ses regles; à quoi les Cadiere par leurs Memoires n'ont jamais pû répondre, soit parce qu'au commencement du Carême, elle dit qu'elle eut une espece de sueur de sang qui dura jusqu'à la fin; qu'au 14ᵉ. jour de Carême qui étoit le 8. Mars, elle eut une douleur si vive qu'elle la réduisit au lit, en lui causant un crachement & une perte de sang très-considerable, sans pouvoir y appliquer aucun remede, & que toutes ces pertes de sang étoient incompatibles avec une grossesse, & sur tout de trois mois.

1°. Nous venons de faire voir que pendant le Carême elle étoit seulement grosse, & qu'à Pâques à peine elle l'étoit de deux mois.

2°. Nous avons montré la fausseté, & même le ridicule du pretexte fondé sur ce que ces transfigurations étoient un barbouillement fait avec un sang periodique, non seulement aux p. 27. & 28. de la premiere partie de ce Memoire, mais encore aux pages 8. 9. 68. & 69. de nôtre Réponse au premier Memoire de l'Accusé; quel peut être donc son motif quand il vient nous reprocher ici que nous n'avons point repondu à ces pretextes si pitoyables, à moins que ce ne soit pour fournir une nouvelle preuve qu'il parle continuellement contre la verité, & contre la teneur des pieces; ainsi la transfiguration du 7. Avril ne prouve pas qu'elle eût alors ses regles; & comment auroit-elle pû les avoir, puisque quelques jours après, elle se blessa?

3°. N'avions-nous pas fait voir à la page 59. de nôtre Réponse à son premier Memoire, que les pertes de sang dont il est parlé dans le Carême, n'étoient qu'une espece de sueur de sang, & non pas ses regles; & comment voudroit-il persuader que le premier jour du Carême, elle les eût euës, & ensuite une seconde fois le 14. comme si le sexe avoit cette incommodité deux ou trois fois par mois: ces termes, *sans pouvoir y appliquer aucun remede*, qu'il a raportez du 14ᵉ. jour du Carême, en parlant de la perte de sang qu'elle avoit alors, devoient suffire pour lui faire comprendre qu'il ne s'agissoit pas là de ses regles, puis qu'on n'aplique pas des remedes pour une pareille chose, qui est moins une incommodité dans le sexe, qu'une évacuation necessaire du sang superflu, reglée par la nature, pour éviter des incommoditez.

Enfin il est bien evident que ces pertes de sang, dont il est parlé dans le Carême n'étoient principalement que des illusions, procedant de l'obsession; est-il difficile au demon de faire paroître une sueur de sang , quoi qu'il n'en sorte pas une goute du corps de la personne obsedée ou possedée ? S'ils avoient consulté Thiræus & Delrio leurs confreres , ils n'auroient pas revoqué cela en doute , ni oposé un si mauvais pretexte.

La cinquiéme objection de l'Accusé, pour persuader que la D. Cadiere n'étoit pas enceinte pendant le Carème , est fondée sur ce qu'il est dit dans le Memoire du carême , qu'elle n'avoit pas mangé pendant la S^{te} quarantaine , & que pendant ce tems là elle veut avoir pris des breuvages pour la faire avorter ; mais nous l'avons déja détruite invinciblement à la page .... de la premiere partie de ce Memoire , où nous avons fait voir que quoi qu'elle n'avalât pas des alimens grossiers , elle les mâchoit pourtant , & que le suc qu'elle en tiroit , étoit capable de la nourrir ; qu'il arrive tous les jours que des femmes grosses , & surtout au commencement de leur grossesse , sont plusieurs mois dans cette situation , & qu'on n'a jamais mis au rang des alimens , des breuvages pour faire avorter.

La six éme objection des Jesuites est fondée sur ce que dans les reponses de la D. Cadiere , reçûes par l'Official , il est dit qu'elle fit une masse de sang , 8. jours après les breuvages que le P. Girard lui avoit donné , & dans l'exposition qu'elle a fait devant le Lieutenant , on dit une masse de chair ; que la Servante & Magdelaine Allemand , ne parlent que d'une masse de sang ; l'Allemande mere , d'une masse de chair convertie en sang ; que cela fait voir l'embarras où la Querelante étoit ; & que devant le Lieutenant , elle auroit bien voulu quelque chose de plus fort pour prouver l'avortement ; que le P. Carme, qui selon toutes les aparences , lui avoit dicté lui-même sa plainte , comme elle l'a dit dans ses réponses aux 123. & 124. int. dit qu'il n'a sçû que le mot d'avortement étoit dans sa plainte , que depuis que Me Marteli Lieutenant, voulut le mettre dans l'exposition , parce , disoit-il , que c'étoit la substance ; & on ajoûte qu'on laisse aux Medecins à examiner si un fœtus de trois mois, peut jamais se convertir en sang.

Ce ne sont là que de pures vetilles : car 1° n'avons-nous pas fait voir par les observations que nous avons faites sur les reponses, que celles qu'on a fait faire à la Cadiere sur les 123. & 124. inter. & même toutes les autres faites du même jour 17. Fevrier, & une partie de celles faites auparavant, sont contraires à la verité ; & ce que le Carme a dit lors de sa confrontation , n'est que pour marquer qu'il n'étoit pas l'auteur de l'exposition de sa nouvel'e penitente , & qu'il ne lui avoit pas inspiré l'avortement , ni aucun autre chef de plainte.

2°. Sans entreprendre ici sur la fonction des Medecins , ni examiner si un fœtus d'un mois & demi, ou deux peut se dissoudre en sang, nous nous contenterons de dire que la D. Cadiere ayant vû dans un pot de sang une masse , dont elle ni personne autre ne s'avisa pas de faire la dissection pour sçavoir si elle étoit de chair , & seulement teinte du sang dans lequel elle étoit , ou bien si elle étoit toute de sang ; dans ses réponses devant l'Official , comme devant le Lieutenant , elle dit ingénuëment comme la chose s'étoit passée , & l'Official mit que c'étoit une masse de sang : cependant le Lieutenant dans l'exposition voulut mettre que c'éto't une masse de chair, quoi qu'elle lui representât que dans les réponses qu'elle avoit faites devant l'Official; on avoit mis que c'étoit une masse de sang , parce, dit-il , qu'il ne se pouvoit pas que cette masse fût de sang , mais bien de chair ; & si les témoins qu'on oppose ici, disent d'avoir oüi dire à la D. Cadiere que c'étoit une masse de sang ; & voyant que tout cela étoit rouge , elle avoit crû que c'étoit tout de sang , ce qui prouve sa simplicité & sa bonne foi ; car après tout, quel interêt avoit-elle de dire plûtôt que c'étoit une masse de chair qu'une masse de sang ?

7°. Les Jesuites nous disent qu'ils ont reçû une lettre du 8. Juillet dernier , d'un des plus fameux Medecins du Royaume , qui ne veut pas être nommé , qui après, avoir dit en general son sentiment sur l'horrible calomnie faite au P. Girard , il continuë ainsi : *Le Deffenseur de la Cadiere devoit y avoir fait plus d'attention , & avant de dresser son Memoire instructif, il devoit avoir des Consultations de sçavans Theologiens , d'experimentez Directeurs, de très - habiles Medecins , tant*

pour

pour ce qui regarde la doctrine du Père Girard , que la maladie de la Cadiere , ses pré-
tendus enforcellement & avortement , quoique le Memoire du Pere Girard ait parfaite-
ment bien détruit tous les faits avancez , trouvez bon que pour faire encore mieux ou-
vrir les yeux à quiconque n'y voudra pas tenir un injuste bandeau , j'insere ici un mot
contre l'accusation de ce pretendu avortement , sauf l'avis d'un plus sçavant Medecin.
Abortus propriè dictus , &c. *ces signes & plusieurs autres sont si évidens , si sen-*
sibles & si aigus , que si la Cadiere en avoit aperçû un seul , elle qui se plaint du pre-
tendu mauvais goût de la boisson à elle donnée & des douleurs que lui auïa la potion
purgative que lui ordonna le Medecin à Ollioules pour évacuer simplement des matieres
qui ne sont pas adherantes , comme un fœtus ; mais qui surchargent seulement ses vis-
ceres , elle n'auroit pas obmis très-sûrement dans ses deux expositions des circonstan-
ces si necessaires , s'arrêtant simplement à dire qu'il lui continua un grand verdre , per-
te qu'on a verifié être periodique & menstruelle ; ce qui fait voir la faussèté de tout
ce qu'elle a avancé. A Dieu ne plaise qu'il y eût dans la Medecine un Specifique si sûr
& si doux , ne causant ni douleur , danger ; il ne pourroit pas être secret , les Hôpi-
taux ne seroient pas si remplis de ces miserables victimes de l'iniquité , & l'on ne décou-
vriroit jamais la honte de tant de personnes qui n'auroient pas manqué de se procurer
cet abominable secours , dès qu'il y auroit eu pour eux le moindre danger di fame. On
voit donc qu'outre les douleurs qui precedent , accompagnent & suivent l'avortement , la
Cadiere ne devoit pas faire tout à coup , après plus de trois mois de prétenduë grossesse ,
une masse de sang ou de chair , selon ses variations , mais que cela devoit être precedé
ex quodam priori fluxu ; *qu'il bonheur pour le Pere Girard que la Cadiere n'ait pas*
été instruite par quelque Accoucheuse , ou par quelque femme qui se soit trouvée dans le mal-
heureux cas de s'être procurée ou de faire de fausses couches. Ce sont les propres termes du
Memoire des Jesuites.

Il est apparent que cette lettre , qu'on attribuë à un des plus habiles Medecins du Royaume , qui ne veut pas être nommé , n'est que l'ouvrage du P.
Sabatier ; 1°. D'où vient que ce Medecin ne veut pas être nommé , & qu'il est
assez modeste pour se priver de la gloire d'être utile à un Jesuite qui en a tant
de besoin , & à la Societé ; craint-il le credit & la puissance de la famille des
Cadieres ?

2°. Ce pretendu Medecin decide d'abord , de sa pleine autorité , que l'accusation formée par la Cadiere , est une horrible calomnie ; il decide toutes les questions de droit qui naissent dans cette grande affaire , & donne des
avis au deffenseur de la Cadiere ; mais n'est-il pas à craindre qu'à force de
vouloir faire l'Avocat , il ne nous prouve qu'il n'est ni Avocat ni Medecin ,
& qu'il n'entend pas plus les matieres de Medecine , que celles de Droit ?
Le deffenseur de la Cadiere a crû de trouver dans sa profession des principes assez certains pour traiter le Sortilege & le Quietisme , l'Inceste & l'A-
vortement , sans avoir besoin d'emprunter les lumieres *de sçavans Theologiens ,*
d'experimentez Directeurs , ni de très habiles Medecins. La Profession d'Avocat , qui
embrasse toutes les autres Sciences , met le Barreau à portée de traiter toutes
les questions qui naissent dans les Causes ; & nous n'avons pas vû que *de sça-*
vans Theologiens , d'experimentez Directeurs ayent censuré les maximes employées
dans la deffense de la Cadiere , soit sur le Quietisme , soit sur l'enchantement ,
ni même qu'aucun habile Medecin , si on en excepte celui qui n'ose pas paroître , ait desapprouvé les principes dont nous nous sommes servis pour prouver
l'Avortement , qui dependant moins de la Medecine , que de la Loi , puis qu'il ne
s'agit ici que de la qualité des preuves.

3°. Ne pourroit-on rien rabatre de cet attirail affreux de douleurs , de dilatations
& de ruptures des ligamens , à quoi ce Medecin innommé veut soûmettre toute
personne du sexe qui se blesse , & ne pourroit - on pas garder tout cet apareil pour
l'avortement d'un enfant de 5. à 6. mois, ou plus avancé, & adoucir un peu la chose pour une blessure d'un mois ou deux ?

H

4°. Qui a dit à ce Medecin que si la D. Cadiere avoit eu de grandes douleurs, elle en auroit fait le détail, l'énumeration par le menu, marqué le nombre, la qualité & la durée de chaque douleur & de chaque sinptome de cette blessure ; ne suffisoit-il pas qu'elle exprimât dans son exposition le corps de l'Avortement.

5°. Quoi si la Medecine avoit un specifique sûr & assez doux, pour procurer l'avortement, on ne verroit plus dans les Hôpitaux des miserables victimes de l'iniquité, & l'on ne decouvriroit jamais la honte de tant de personnes qui ne manqueroient pas de se procurer cet abominable secours, dès qu'il y auroit le moindre danger d'infamie. Cette morale est bien relachée, bien corrompuë ; on n'a pas besoin de lire le libelle de huit pages in 4°. dont parle le Guipatin, dans le second tome de ses lettres, page 69. pour en sçavoir l'origine ; mais la rigueur des peines que la Loi & les Ordonnances prononcent contre un pareil crime, & les exemples de severité que la Justice a soin de donner de tems-en-tems, ne sont-ils pas capables de mettre des bornes à un abus si inhumain ?

6°. Puisque ce Medecin caché veut assujettir toute blessure à un écoulement préalable d'eau, dont la Medecine dispense celles qui se font dans les premiers mois de la grossesse ; ne devoit il pas encore nous resoudre le probleme proposé par le P. Sabatier, si un fœtus d'un mois ou deux, pouvoit se resoudre ou dissoudre en sang ?

Mais quoi ? ce Medecin qui ne veut pas être nommé, & qu'on dit être le plus habile du Royaume, vient soûtenir que la Medecine n'a pas des remedes specifiques & certains pour procurer l'avortement, & qu'il n'y a pas des breuvages qui produisent cet effet, comme le Pere Girard l'avoit déja avancé dans ses Interrogatoires ? Il nous permettra de lui dire que sans être Medecin, & par les armes seules de nôtre Art, nous pouvons bien le convaincre de la fausseté de ce qu'il avance. Le Jurisconsulte Tribonius, en la Loy *Cicero, ff. de pœnis*, raporte le fameux exemple de Milesie dont parle Ciceron, qui pour une somme d'argent qu'elle reçût des heritiers collateraux de son mari, se procura l'avortement par des remedes, & qui fut condamnée à une peine afflictive : *Cicero in Oratione pro Quentio Avito, scripsit Milesiam quandam mulierem, cum esset in Asiâ, quòd ab hæredibus secundis acceptâ pecuniâ, partum sibi medicamentis ipsa abegisset, rei capitalis esse damnatam :* cette Loy prouve donc qu'il y a des remedes & des medicamens certians pour procurer l'avortement. Le Jurisconsulte Paulus, en la Loy *si quis* §. 5. au même titre du Digeste, décide qu'il y a des breuvages pour procurer les avortemens, comme il y en a pour se faire aimer, & détermine les peines que meritent ceux qui les mettent en usage : *Qui abortionis, aut amatorium poculum dant, &c.* Le Jurisconsulte Ulpien, en la Loy *Mulierem* au *ff. ad Legem Corneliam de sicariis*, & en la Loi 9°. au *ff. ad Legem Aquiliam* ; la Loy *Divus Severus*, au *ff. de extraordinariis cognitionibus* ; la Novelle 22. chap. 16. & les Canons 7. 8. 9. & 10. rapportez en la Cause 32. quest. 2. décident la même chose. Tous les Interpretes sur ces Loix, & generalement tous les Docteurs, conviennent de cette maxime, comme on le peut voir dans Mr. Cujas, au liv. 19. de ses observations, cap. 9. & dans Mornac, sur la Loy *Item si obstetrix*, au *ff. ad Legem Aquiliam*, où il observe que la premiere partie de cette Loy est remarquable, & qu'elle s'entend de ces breuvages qu'on donne si souvent pour procurer des avortemens : *Multum hæc pars legis observanda ; referri enim & possit ad abortionis pocula, quæ ut nonnunquam dari, offerri, bibique possunt :* & le Sieur Dyonis, en son traité des accouchemens, liv. 2. pag. 151. remarque qu'il y a des gens qui vendent des remedes pour faire avorter. C'est pour cela que les Docteurs & les Theologiens, examinent en quel tems le fœtus est sensé animé pour pouvoir diminuer ou aggraver la peine de l'avortement ; nos Livres sont pleins d'Arrêts rendus au sujet d'avortemens, procurez par des remedes ou des breuvages ; & parmi un si grand nombre, nous nous contenterons d'en rapporter deux exemples assez celebres. Le premier, est celui du Parlement de Paris, qui condamna une Sage femme, nommée Constantin, qui faisoit métier de faire avorter des femmes ou des filles ; & il est remarquable que lors de ce Procès, les Grands Vicaires avertirent M. le Premier Prefident, que depuis un an fix cens femmes de compte fait, s'étoient confeſſées du crime d'avortement. Et le fecond, eſt celui du Parlement d'Aix, du 17. Juillit 1615. rapporté au premier tome des preuves des Libertez de l'Egliſe Gallicane, cap. 5. n. 14. qui condamna Jean Michel, Prêtre, à être pendu & brûlé, pour avoir commis un crime d'Inceſte fpirituel avec une de fes Penitentes, & pour lui avoir procuré l'avortement ; & il fut ordonné que les poudres dont il s'étoit fervi pour cet avortement, feroient brûlées par la main de l'Executeur de la Haute-Juftice. Cet Arrêt eſt fans doute bien formel.

Non feulement il y a des remedes pour procurer l'avortement, mais même des poifons, qui ne donnent la mort que dans un certain tems ; il y en a un funefte exemple bien récent. Le Pere Dofithée de Saint Alexis, Carme Déchauſſé, qui venoit de Rome, partit de cette Ville d'Aix le même jour que le Pere Nicolas, fans être pourtant allé avec lui ; d'abord qu'il fut arrivé à Paris, il fe fentit pris d'une langueur, dont la cauſe fut d'abord inconnuë aux Medecins, il en mourut peu de temps après : & par le Rapport des Medecins qui fut fait après fa mort, il confte qu'il avoit été empoifonné depuis environ deux mois. Voilà ce que les lumieres de nôtre Art nous ont fourni fur cette queſtion ; mais, afin que les Jefuites ne croyent pas que tout cela ne fuffit point pour contrebalancer l'autorité de leur Medecin anonime, & qu'ils ne penfent pas que la Medecine foit ennemie de l'innocence & de la verité, voici la réponfe que nous venons de recevoir d'un Medecin, à qui tout le public donnera facilement la preference fur celui du Pere Sabatier.

En premier lieu, le paſſage latin cité dans le Memoire du Pere Girard n'eſt point tiré d'Hipocrate, il n'y a de cet Auteur que la derniere ligne, tout le reſte a été puſé dans Sennert ; on en a copié juſqu'aux faures d'anatomie ; on a pris dans le cap. de abortu de cet Auteur, une ligne d'un endroit & une ligne d'un autre, on a joint par confequent un fens feparé, & on a écarté par cette injufte liaifon ce qui auroit pû être defavantageux à la cauſe de ce Pere ; on a changé des propofitions conditionnelles en des conjonctions ; en un mot, on a fait paſſer fur le compte d'Hipocrate cet aſſemblage fi mal compofé, qui ne fçauroit détruire l'avortement fi bien prouvé dans le Memoire de la Cadiere.

En fecond lieu, de quel front un des plus habiles Medecins du Royaume, ofe t-il avancer que dans l'avortement les ligamens fe dilatent, & qu'ils fe déchirent ? Qui a jamais penfé que le fœtus fût attaché dans la matrice par des ligamens ? Et quand il y en auroit, fe dilatent ils comme les arteres & des veines ? Renferment ils un liquide qui puiſſe en étendre les cavitez fenfibles dont ils font dépourvûs ? Entendroit il parler des ligamens ronds ou larges, qui font au-dehors de la matrice ? La même raifon fubfifte pour ces derniers ; un fœtus de deux mois auro t-il jamais la force de les tirailler ? Enfin, comme il pretend, après Sennert, ligamenta dilatantur & tandem rumpuntur.

Ce Medecin fe contredit vifiblement avec l'Auteur, dont il emprunte les paroles, puifqu'il dit que les ligamens & les membranes fouffrent une tenfion & une difcuſſion douloureufe, dolores membraneas & ligamenta quibus fœtus in utero cohæret tendi & divelli fignificant.

On a enfin fupprimé à deſſein un des fimptômes raportez par Sennert ; ce font les tremblemens & les mouvemens convulfifs. On lit dans cet Auteur, & alia gravia fimptomata, rigores & tremores cordis, palpitationes & fimilia fequuntur. Voilà ce qui concerne le paſſage de Sennert.

On dit après dans ce Memoire, que les fignes font fi évidens, fi fenfibles & fi aigus, que fi la Cadiere en avoit apperçû un feul, elle n'auroit pas manqué d'en faire mention dans les expofitions, s'étant uniquement bornée à la grande perte de fang. Je fuis bien aife de vous avertir que nous obfervons tous les jours des avortemens, où les fignes raportez ci deſſus, tels que font les friſſons, frigores : les tremblemens, les mouvemens convulfifs, tremores ; les palpitations du cœur, cordis palpitationes ; l'affaiſſement fubit des mammelles raporté par Hipocrate, quæ fœtum funt prodituræ, iis mammæ extenuan-

tur ; Nous observons, dis je, que ces signes manquent souvent dans les premiers mois d'une grossesse ; celle qui se doit blesser, est d'abord saisie d'une perte de sang qui augmente : elle a des maux de reins qui sont quelquefois legers & supportables, & d'autres fois fort violens. La douleur cesse, la perte continuë ; cette perte s'arrête quelquefois, & les femmes croyent alors d'en être quittes : elle revient sans douleur ; elle a souvent des retours periodiques ; & quelque precaution que l'on prenne, on ne sçauroit éviter l'avortement qui arrive sans douleur : l'arriere-faix encore petit, se trouve détaché, & c'est alors que les personnes qui doivent s'avorter ne souffrent pas ; cet arriere-faix qui envelope dans les membranes un petit fœtus, est noirâtre & en globe, *conglobatus*. on le prend souvent pour un caillat de sang ; celle qui s'avorte, le pousse dehors souvent en faisant de l'eau. On voit tous les jours des femmes qui font tirer avec des pincettes, l'arriere-faix qui flotte dans l'urine qu'elles viennent de rendre pêle-mêle, avec un sang de couleur noirâtre qu'il a acquise par son sejour dans la matrice. De plus, on voit rarement que des filles soient sujettes à ces pertes de sang immodérées ; cela arrive plus frequemment à celles, quæ virum patiuntur.

Mais quelle consequence veut-on tirer de Malle Cadiere ? devoit-elle dans ses expositions faire un détail de tous les simptomes qui accompagnoient son avortement ? devoit-elle énoncer des frissons, des douleurs des reins, des tremblemens ? elle dit ce qu'il y a d'essentiel, c'est la perte de sang, & une masse de chair dans le pot de chambre.

On allegue encore que l'avortement devoit être precedé *ex quodam priore fluxu*. C'est être en verité bien peu instruit, que de penser que dans les premiers mois d'une grossesse, on doive apercevoir un écoulement des eaux ; le peu qui s'en separe dans ces premiers tems, est si peu de chose, qu'il est confondu avec le sang ; & si Mlle Cadiere se trouvoit mouillée de cette petite quantité d'eau, devoit-elle en faire mention.

On convient sans peine qu'un remede violent, donné à Malle. Cadiere pour la faire avorter, auroit pû la jetter dans des accidens facheux, mais parce qu'elle n'a pas eu des accidens, doit-on conclurre que le Pere Girard n'ait donné aucun remede, qui ait agi insensiblement & sourdement ? On n'a vû que trop souvent, que des poisons ont agi en detruisant peu à peu le corps, sans causer de ces simptomes prompts & violens ; ne peut-il pas y avoir également des remedes qui mettent peu à peu le trouble dans le sang, d'une maniere peu active, & qui étant dans les vaisseaux de la matrice fassent lacher prise à un arriere faix, dont la tissure est encore fort delicate dans les premiers mois d'une grossesse. Nous observons chaque jour dans la pratique, que des tumeurs dures dans les chairs & dans les os mêmes, se ramolissent peu à peu, & se dissipent par le frequent usage des remedes fondans, sans que ceux qui sont attaquez de ces sortes de maux, en recoivent le moindre accident, ils s'apercoivent à peine de l'effet des remedes : eh ! pourquoi n'y aura-t-il pas de ces sortes de remedes, propres à procurer un avortement d'une maniere douce ? ces sortes de remedes ne sont pas entre les mains de tout le monde, & les Medecins qui ne les ignorent pas, se gardent bien de les donner, ni de les reveler, aussi ne s'adresse-t-on gueres à eux dans pareils cas ; par là on ne doit pas être surpris si ayant dans la Medecine des specifiques si doux, qui ne causent ni douleur ni danger, les Hôpitaux ne laissent pas néanmoins d'être remplis de ces miserables victimes de l'iniquité. Voilà nôtre question traitée par main de maistre : qui peut douter après cela de la verité de cet avortement ? & que le Pere de Sabatier qui est dans ce procès *omnis homo*, qui fait les Memoires du P. Girard, l'extrait abregé qu'il a fait signer à M. l'Evêque, ne soit aussi l'auteur de la lettre du 8. juillet, qu'il veut attribuer au plus habile Medecin du Royaume, aux dépens de toute la Medecine Françoise.

La 9o. objection contre l'avortement, est fondée 1°. sur ce que la D. Cadiere, dit dans son Memoire : combien de fois pour pouvoir éteindre & radoucir la flame qui brûloit dans ma poitrine, ai-je pris du linge trempé dans l'eau, pour apaiser la chaleur vive & ardente qui me devoroit ; & qu'il avoit recommandé à la Dame de Lescot, de donner souvent à boire de l'eau à Mlle Cadiere ; que dans le Memoire que cette Religieuse avoit tenu de son Ordre, il est dit que le feu de l'amour divin consumoit sa Penitente. 2°. Sur ce qu'il ne lui a pas porté de l eau 8. jours consecutifs, comme elle le dit, mais bien dépuis le commencement de son obseffion, qui étoit au commencement de Decembre 1729. jusques au 5. Juin, qu'elle fut au Couvent; que cela est confirmé par le témoignage de la servante, qui est le seul témoin oculaire qui parle de ce fait; que l'Allemande qui depose de l'avoir oüi dire à la D. Cadiere, un mois après l'exorcisme, dit *que pendant une quinzaine de jours que le P. Girard, qui la visitoit, envoyoit prendre de l'eau par la servante, il alloit à sa rencontre pour la prendre*; & que tout cela ne s'accorde gueres. 3°. Sur ce que c'étoit de l'eau pure; que c'est une fade plaisanterie de la part de la cadiere, de dire d'où vient qu'il ne lui portoit pas des boüillons; & comment un grand predicateur pouvoit se ravaler à porter de l'eau à cette fille; & il ajoute que quand il l'avoit fait, c'étoit pour en épargner la peine à ses parens ou à sa servante.

Peut-on rien imaginer de plus absurde que de pareils pretextes? 1°. Quoi! parce que dans son Memoire du Carême, au Samedi avant le Dimanche des Rameaux, elle aura dit que pour éteindre ou adoucir sa soif, elle trempoit un linge dans l'eau; ou que pendant qu'elle étoit malade au Couvent, l'Accusé aura dit à la Maîtresse de Novices, de lui donner souvent à boire, ce qui étoit borné à ces deux temps, on conclura de là, qu'il n'est pas vrai que l'Accusé lui ait donné des breuvages pendant huit jours, à commencer depuis le Samedi saint, qui est un autre tems absolument different.

2°. Il est indifferent que l'Allemande ne se soit pas ressouvenuë precisement de ce fait qu'elle ne sçavoit que pour avoir oüi dire à la Demlle. Cadiere; fixons-le sur le témoignage de la servante, à qui il étoit personnel; & sur celui du pere Girard lui-même; la servante dit qu'il alloit prendre lui-même une écuelle d'eau, qu'il portoit à la D. Cadiere, & qu'il ne vouloit pas que personne autre que lui s'en mêlât, quoi qu'elle servante, & les parens de la Cadiere, s'offriffent de porter cette eau: & l'Accusé par sa reponse au 102. inter. dit qu'il alloit lui même prendre cette eau: voilà à quoi il faut s'en tenir, & non pas à l'Allemande, qui faute d'avoir eu la memoire assez ferme, a dit d'avoir oüi dire à la Cadiere, que pendant quinze jours, le p. Girard avoit envoyé prendre une écuelle d'eau à sa servante, & qu'il alloit à sa rencontre pour la prendre.

La servante ne dit pas que depuis le carnaval jusques au 5e. Juin, le Pere Girard étoit allé prendre une écuelle d'eau à sa Maitreffe, elle dit seulement, 1o. que dépuis le carnaval, alors dernier, jusques à environ le 5. du mois de Juin d'après, il alloit presque tous les jours voir la Cadiere dans sa chambre, qu'il se fermoit à clef, & n'en sortoit que sur le soir, après y être entré ordinairement entre une heure & deux. 2°. Qu'il alloit souvent prendre une écuel'e d'eau fraiche, qu'il portoit à la D. Cadiere, de sorte que le fait de l'eau est bien placé, dans l'intervalle marqué dans le premier fait, mais il n'est pas repandu sur tout cet intervalle comme le prétend le Querellé; en effet n'est-il pas ridicule de prétendre que ce Jesuite se fût fait une occupation de porter une écuelle d'eau tous les jours à sa Devote, pendant 4. à 5. mois: la charité de la direction iroit-elle à metamorphoser un Confesseur en infirmier de ses penitentes, & surtout un Recteur des Jesuites, un grand Directeur, un fameux Predicateur qui avoit tant d'autres occupations? il avoit dit à la page 30. de son premier Memoire, que lors qu'il étoit allé prendre ces écuelles d'eau, c'étoit parce que les domestiques de la Cadiere étoient reduits à une servante qui pouvoit être absente, ou occupée ailleurs; & comment nous lui avons fait voir par nôtre Réponse page 71. la fausseté de ce pretexte, que ce n'étoit ni par le petit nombre de domestiques, ni par l'absence ou l'occupation de la servante ailleurs, qu'il vouloit lui-même porter cette eau, & qu'au contraire les parens & la servante vouloient le faire, & qu'il les en empêchoit; aujourd'hui dans son dernier Memoire, il dit que c'étoit pour leur en épargner la peine, ce qui est une contradiction bien formelle: c'est à dire qu'à l'avenir il faut s'attendre à voir les Confesseurs Jesuites se repandre dans toutes les maisons de leurs Penitentes, pour leur donner à boire dans leurs incommoditez, afin d'en épargner la peine à leurs parens ou à leurs domestiques; sont-ce là des excuses à presenter à Mrs les Juges, ni au public, pour sauver une pareille

I

demarche; & d'où vient encore un coup qu'il bornoit toute sa charité à lui donner une écuelle d'eau par jour durant cet intervalle, sans lui avoir jamais donné aucun boüillon, ni même deux fois de l'eau dans le même jour?

30. pour prouver que ce n'étoit pas de l'eau pure, mais un breuvage, il suffit de faire cette reflexion; il est certain qu'on doit regarder tout ce que la cadiere dit le 27. Fevrier, comme s'il avoit été dit par le P. Girard, puisque ce jour-là & les suivans, par un effet des violences & des menaces qui lui furent faites aux dépens de la verité, elle justifie absolument le P. Girard, & sanctifie ses actions les plus infames, dont il avoit avoüé une bonne partie; cependant ce même jour, & sur le 125e. Inter. on vint bien à bout de purger cette eau du mauvais goût, mais on ne pût pas parvenir à lui ôter sa couleur rougeâtre; tant cette couleur rougeâtre étoit un fait constant, & pour pouvoir attribuer cette couleur à une autre cause qu'à un breuvage, elle dit que saignant du nez il tomboit quelques gouttes de sang dans cette eau. Inter. *Si elle trouvoit un mauvais goût à cette eau?* A. rep. *Que non; & que si elle étoit quelquefois teinte de sang, c'étoit parce que saignant du nez il y en tomboit quelques gouttes.* Nous avons fait voir par l'observation que nous avons faite sur cette réponse, combien il est ridicule de placer des goutes de sang au bout du nez, prêtes à tomber précisément toutes les fois que l'Accusé donnoit cette écuelle d'eau à la D. Cadiere. Il est donc prouvé par là que cette eau étoit rougeâtre, & que cette couleur procedoit de la poudre qu'il y mettoit dedans pour la faire avorter: nous avons déja fait voir dans la premiere partie de ce Memoire, sur le chap. 4. de la premiere Partie, pag. 25 *in fine*, que ce breuvage avoit été donné huit jours consecutifs, à commencer depuis le Samedi Saint; voilà la premiere preuve de cet avortement.

La seconde, est tirée de ce qu'au bout de huit jours de ce breuvage, elle eut une grande perte de sang, & fit une masse, ce qui est le corps de l'avortement; cela est prouvé par les dépositions de la Batarelle & de l'Allemande.

La troisiéme preuve, se tire du pot de sang que la Cadiere fit lors de cette blessure, que le P. Girard fut voir & examiner deux ou trois fois vers la fenêtre, qui fut suivi d'une perte de sang qui dura plusieurs jours. Le fait de ce pot de sang est prouvé non seulement par la déposition de la Servante, de Remoüin, de la Batarelle, & de l'Allemande fille, mais encore par l'aveu de l'Accusé sur le 106e. Inter.

En vain le P. Girard prétend qu'il n'y a point de contrarieté entre sa réponse au 106e. Inter. & le langage qu'il avoit tenu à la page 5. de son premier Memoire; que la cadiere lui avoit dit que Dieu vouloit lui faire perdre tout son sang pour la faire mourir, & ensuite pour la ressusciter, que ce n'étoit que pour éclaircir ce fait qu'il avoit examiné ce pot de sang; que la Querellante dans son Carême, dit que le Vendredi Saint le même amour qui avoit ôté la vie à J C la lui avoit ravie à son tour; qu'en délaissant son corps sur la terre, elle fut en esprit accompagner l'ame de J. C. dans les Lymbes; qu'à la fin du même Carême, elle ajoûte; je me montrerai à vous telle que je suis en moi-même, & telle que personne ne m'a jamais vû sur la terre; je vous purifierai parfaitement, & je vous rendrai capable de me voir: gardez bien ces paroles, bien tôt vous en verrez l'effet.

Mais ce ne sont là que de faux pretextes: car 10. la contrarieté ne sçauroit être plus marquée dans sa réponse au 106e. Inter. il veut que la Cadiere lui eût dit qu'elle se préparoit à sa transfiguration, que Dieu lui faisoit perdre son sang petit à petit pour la renouveller; & qu'un soir sur la fin du mois d'Avril, elle prit un pot de chambre, dans lequel il y avoit une liqueur noirâtre, qu'elle emporta sur le champ, & mit dehors sa chambre; & dans son factum, pag. 5. il dit qu'elle l'avoit assuré qu'elle perdroit miraculeusement tout son sang, ce qui devoit lui procurer la mort; qu'il avoit quelque peine à croire ce prétendu miracle, parce qu'il n'en paroissoit rien sur son visage, ni sur son embonpoint, qui étoit toûjours le même; qu'il se transporta à la chambre de la Cadiere, & que celle-ci en ayant fermé la porte, lui montra dans un vase de fayance, propre à ces sortes d'usages, une certaine quantité de liqueur rougeâtre & noirâtre. La contrarieté ne sçauroit être plus marquée; dans sa réponse, cette perte de sang n'avoit pour objet qu'un renouvellement; dans son Factum, elle a pour objet la mort de la D. Cadiere: dans sa réponse, il ne voit le pot de sang que dans le transport qu'elle en fait pour le mettre hors de la chambre ; & dans son premier Memoire, elle le lui presente pour en faire un examen *ex professo* ; ne sont ce pas là des variations bien marquées , qui portent le caractere du mensonge ?

2°. Les deux endroits du Memoire du Carême qu'on oppose ici , ne renferment que deux visions que la D. Cadiere avoit eües , & non pas une separation réelle & phisique de son ame avec son corps le Vendredi Saint, ni la prediction d'une autre separation semblable; nous remarquerons en passant, qu'en raportant les paroles de ce dernier endroit du Carême , on change le mot tel au mot telle ; cela ne prouve donc pas que la Cadiere lui eût dit , que Dieu vouloit la faire mourir pour la ressusciter d'abord après : un Jesuite si éclairé , auroit - il crû une pareille chose si elle la lui eût dite ?

3°. A qui veut-il persuader qu'il n'avoit examiné avec tant d'attention ce qui étoit dans ce pot de sang , que pour connoître si cette perte étoit naturelle ou si elle étoit miraculeuse ; si Dieu vouloit seulement renouveller son sang, ou s'il vouloit la faire mourir ? Qu'il nous dise comment il pouvoit connoître par la qualité & l'examen de ce sang , à laquelle de ces causes il faloit l'attribuer ? Et n'est-ce pas se mocquer de la Justice & du public , que de pretendre les payer avec de pareils pretextes ? l'examen qu'il convient d'avoir fait de ce pot de sang de sa Dévote , lorsqu'il étoit enfermé avec elle, n'est-il pas une preuve sans replique de son inceste & de l'avortement , & que ses yeux ne cherchoient dans ce pot de sang que le fœtus, dont il avoit procuré la sortie par ses breuvages ? La chemise teinte de sang, dont il a ici l'imprudence de parler, & qu'il vit effectivement la premiere fois qu'il fut à Ollioules, après la lettre qui en fait mention, en est encore une nouvelle preuve.

Il prétend éluder celle que nous tirons de son aveu , dans sa confrontation avec l'Abbé Cadiere, d'avoir dissuadé la mere d'apeller des Medecins, parce qu'il lui faisoit accroire que c'étoient là des maux divins ; & pour cela , il dit que ce fait ne s'applique pas à l'époque de l'avortement , mais bien à l'obsession ; qu'en effet la Servante dans son recolement, dit qu'au commencement des incommoditez de la D. Cadiere, sa mere ayant envoyé prendre un Medecin , le P. Recteur lui dit que ce n'étoit pas là un mal de Medecin; & il ajoûte que le P. Cadiere, à la page 8. de son Memoire , ne parle de l'éloignement des Medecins que par raport à l'obsession.

Mais ce ne sont là que des vetilles qui ne sçauroient affoiblir la preuve que nous tirons, de ce qu'il avoit toûjours écarté les Medecins : car 1°. quoique la Servante & le P. Cadiere n'en parlent là que par raport à l'obsession ; il n'en sçauroit tirer de là aucun avantage, parce que cela prouve qu'il avoit éloigné les Medecins, de peur qu'ils ne vinssent à découvrir la qualité des accidens que cette Fille avoit , & que c'étoient des accidens d'obsession dont il étoit l'auteur; ce qui montre sa mauvaise foi.

2°. Peut-il contester que lorsque cette Fille eut une si grande perte de sang , & pendant plusieurs jours, la mere ne voulût envoyer prendre le Sieur Durand Medecin pour venir visiter sa Fille , & qu'il l'en empêcha , en lui disant que c'étoient là des maux divins, qui n'étoient pas de la connoissance des Medecins? pour être convaincu de la verité de ce fait, il suffit de faire reflexion, 1°. que si suivant lui la mere avoit voulu faire venir des Medecins , lorsqu'il n'étoit question que de simples accidens ordinaires de l'obsession , on ne peut pas douter qu'elle n'en eût voulu apeller , lorsque par dessus ces accidens sa Fille avoit encore de si grandes pertes de sang. 2°. Que c'est un fait qui n'est contesté par aucune des Parties, que lors de ces pertes de sang aucun Medecin ni Chirurgien n'avoit visité la D. Cadiere. 3°. Que si l'Accusé avoit dissuadé la mere d'apeller des Medecins, lorsquil' ne s'agissoit que de simples accidens d'obsession ; à plus forte raison l'en aura-t-il dissuadée lors de ces pertes de sang, qu'il lui étoit encore plus important de les éloigner pour ne pas éclaircir ce mystere, & cela forme une nouvelle preuve contre lui de cet avortemenr.

La cinquiéme preuve se tire de l'étonnante demande qu'il fit à l'Abbesse & à la Maîtresse des Novices du Couvent Sainte Claire d'Ollioules, la premiere fois qu'il les vit, *Si la Demoiselle Cadiere avoit de grandes pertes de sang*, en ajoûtant *qu'elle en avoit perdu plus de vingt livres quand elle étoit encore à Toulon.*

Et la derniere est tirée de sa lettre du 30. Juillet , où il lui demande en termes enveloppez , si ses regles lui étoient revenuës , & qui éclate de la joye & de l'enjoüement que cette nouvelle lui avoit donné.

Toutes ces preuves réünies ensemble ne forment-elles pas une conviction entiére de cet avortement? & si on les joint à celles de l'inceste que cet avortement suppose necessairement, a-t-on jamais trouvé des preuves plus completes des crimes où la Loy n'exige pas des temoins oculaires?

Mais n'avons-nous pas montré à la page 22. de nôtre précis, qu'il est encore prouvé par la procedure qu'il prenoit des libertez criminelles avec ses autres penitentes qu'il avoit baisé la Guiol, qu'il avoit baisé la Batarel plusieurs fois, qu'il s'étoit enfermé souvent avec la Laugier, qu'elle étoit grosse de lui, qu'il lui avoit donné des breuvages.

Enfin, si toutes ces preuves, qui suffiroient pour faire brûler tout un Couvent d'autres Moines, ne suffisent pas pour faire condamner un Jesuite, nous offrons de prouver encore. 1° que la Guiol, sa confidente, sollicitoit les plus jolies filles de Toulon, de se confesser à lui. 2° Que tant à Aix qu'à Toulon il a solicité plusieurs de ses penitentes & leur a tenu des discours peu convenables à un Directeur

3°. Qu'il jette ordinairement ses penitentes dans les mêmes états qu'étoit la Cadiere, pour avoir occasion d'abuser d'elles; 4° Qu'il avoit faussement persuadé à une de ses penitentes, qu'elle étoit obsedée, afin d'avoir par là occasion de l'aprocher de plus près, & qu'en effet il l'avoit faite mettre à nud, dans la Chapelle servant de Congregation aux Ecoliers de cette Ville d'Aix, & enfin qu'en 1725. il fut porté à l'Eglise des Jesuites, & de là à l'Hôpital, un Bâtard qu'on attribuoit au Querellé. Mais ce seroit faire insulte à la penetration de Mrs les Juges, de croire qu'ils pûssent regarder comme insuffisantes, des preuves dont la moindre partie a toûjours suffi pour condamner tous les ravisseurs qui ont été accusez, & pour faire brûler tous les Prêtres incestueux, qui ont été defferez à la Justice.

Après cela nous croyons que ce seroit faire un outrage à la Cour, que de nous amuser à refuter un pretendu complot, si incompatible avec la conviction de ce Jesuite, & qui revolte la raison & le sens commun; & n'avons-nous pas fait voir par l'Analise que nous avons fait des témoins du Promoteur, que tout le complot est venu de la part des Jesuites, & qu'ils ont employé ce que la subornation a de plus inique & de plus criant; dans quel procès criminel les Jesuites pourroient-ils prouver qu'on eût employé le complot contr'eux? disons mieux: dans quel procès criminel pourroient-ils prouver de n'avoir pas employé tous les artifices du complot, & de la subornation?

Il vient dans ce moment, de paroître une Lettre que les Jesuites repandent, imprimée à la Haye, intitulée, *Lettre d'un Magistrat desinteressé, à un de ses amis, au sujet du procès intenté contre le P. Girard Jesuite.* Que de voyes obliques qu'ils employent pour étouffer la verité? ils ont surpris le Seing de M. l'Evêque de Toulon, au bas d'un Memoire, pour lui faire attester tous les faits faux & supposez, que le P. Girard avoit avancé dans le sien; ils ont inseré dans leur second Memoire, une pretenduë lettre d'un Medecin anonime, qui pour prouver qu'il n'est pas convaincu d'avortement, combat les premiers principes de la Medecine; & maintenant ils employent cette lettre d'un Magistrat; il est aparent que ces trois pieces partent de la même main; en effet il n'y a de desinteressé de la part de ce pretendu Magistrat, que l'intitulation de sa lettre; sa partialité y éclate dès la premiere page, & on peut dire que la verité & les maximes de la Justice y sont si mal traitées, qu'on ne les y reconnoit nulle part, & que ce Magistrat a oublié jusques à cette regle si fondamentale en matiere criminelle, que les aveus sont divisibles à la difference des Procés civils, où l'on ne peut pas les sincoper. Nous respectons trop la Magistrature, pour lui faire l'injure de lui attribuer un ouvrage si pitoyable, qu'un Juge bannerel ne voudroit pas se faire le tort d'avoüer.

Au reste, la peroraison du second Memoire de l'Accusé, acheve de nous confirmer dans la pensée que cet ouvrage ne part que de la main de quelques Regens d'Humanité, ou si l'on veut, de Rethorique, qui accoûtumez à faire des chryes ou des amplifications sur de faux sujets, loüent ou blâment sans discernement, & sans aucun égard pour la verité; il suffira de faire ici quelques observations pour en faire sentir toute la fausseté, & même tout le ridicule.

1° Ils

1°. Ils repreſentent l'Accuſé comme un de ces *innocens opprimez*, qui n'a d'autre apui que celui de ſon innocence, & de Dieu qui en eſt le premier protecteur ; ils en font une *Victime muette*, & même un *Elû*, tandis qu'il eſt convaincu des crimes les plus énormes, d'avoir corrompu la pureté de la Loy de Dieu, & ſoüillé la ſainteté de ſes Myſteres ; & que par l'effet injuſte du credit de la Société, & par les artifices odieux qu'elle a mis en œuvre, il a triomphé juſques ici de l'innocence & de la verité.

2°. On dit qu'*il a pouſſé la delicateſſe de ſa vertu juſqu'à s'interdire des recriminations que les Loix & la raiſon authoriſent dans ces rencontres, & juſques à fermer abſolument la bouche à des témoins qui avoient à objecter à ſes accuſateurs des crimes trop bien fondez, & qui ne pouvoient être que trop bien prouvez* ; dans le tems que par la recrimination la plus calomnieuſe, & à la faveur des faux Témoins, que lui & ſes Confreres ont ſubornez, comme il eſt juſtifié par la lettre qu'il avoit fait écrire à la Dame de Cogolin ſa Penitente, produite au Procès, & par l'Analiſe que nous avons faite de ces Témoins, produits ſous le nom du Promoteur, ils ont incriminé non ſeulement la Demoiſ. Cadiere, mais encore deux de ſes freres, & ſon nouveau Directeur ; les ont chargez d'un faux & ridicule complot ; que par un renverſement de toutes les regles de la Juſtice, d'accuſatrice qu'elle étoit, elle eſt devenuë la principale decretée, & que s'il en falloit juger par les fauſſes aparences, on les regarderoit comme les plus coupables, puiſque la même priſon les renferme tous & que juſques ici le crime a occupé la place de l'innocence.

3°. *Choſe inoüie*, diſent les Jeſuites : *il eſt allé dans ſes reponſes aux interrog. juſques à declarer, ce ſemble avec affectation, ce qu'on ne pouvoit prouver, ce qu'on ne lui demandoit point, tout ce qui étoit capable de le rendre ſuſpect : eh ! que n'a-t-il pû, ſans bleſſer la verité, avoüer même ce qu'il n'avoit point fait ? que ne lui a-t-il été permis au moins de ſe taire dans ſa propre cauſe, & de faire par ſon ſilence obſtiné, un aveu tacite, de ce que ſa bouche n'auroit pû confeſſer ſans menſonge ?* Quelle impudence ! ont-ils oublié que le public à qui ils adreſſent leur Mémoire, a ſous ſes yeux les réponſes imprimées de leur Confrere ? qu'il voit que quand il a fait l'aveu de quelques libertez criminelles, priſes ſur ſa Penitente, dans ſa chambre ; c'eſt que ſe voyant convaincu par la procedure, d'une infinité d'autres libertez encore plus criminelles, & de s'être enfermé preſque journellement avec elle, pendant trois ou quatre mois, & durant trois ou quatre heures chaque fois : c'étoit là une conviction entiere de ſon Inceſte ſpirituel avec elle : il a moins penſé par ſes aveux à ajoûter aux preuves de la procedure, qu'à en reſtraindre l'effet ; il voit qu'au lieu de porter ſes aveux au delà des interrog. quand il en a fait quelqu'un, il l'a embarraſſé de mille detours pour l'affoiblir ; qu'il a nié avec un excès de mauvaiſe foy, une infinité de faits ſi bien prouvez par la procedure ; & qu'il a fait preſque autant de parjures qu'il a fait de réponſes.

4°. *Eprouve, comme tant de Saints*, diſent ſes Confreres, *avec quelle joie, à leur exemple, & à l'exemple de ſon divin Maitre, ſe ſeroit-il immolé, victime muëte, aux fureurs de l'envie & de la calomnie ? envelopé de ſon innocence, & ravi d'avoir pû faire un double ſacrifice à ſon Dieu, il ſeroit déja delivré des miſeres de cette vie, & attendroit déſormais ſans peine ce grand jour, où l'Arbitre Souverain reformera les Jugemens du monde, & rendra juſtice à ſes élus, aux yeux de tout l'Univers.*

Quelle impie comparaiſon du plus ſcelerat de tous les hommes au *Saint des Saints !* Environnée de toute l'horreur de ſes crimes, quel autre ſacrifice peut-il faire que celui de les expier par des châtimens proportionnez ? Et un tel jugement ne ſeroit-il pas ratifié par celui de l'Univers entier, & de Dieu même, qui demande la vengeance des profanations faites à ſa Religion ? Au reſte, ne prévoyent ils pas que l'Arrêt ne peut être pour lui qu'une condamnation inévitable ; & n'ont-ils pas la temerité, & même l'impudence, d'en faire d'avance la cenſure ? C'eſt ainſi que les Jeſuites n'ont employé dans ce Mémoire, pour la défenſe de leur Confrere, que le menſonge & l'impoſture ; eſt-ce ainſi qu'ils pretendent effacer de l'eſprit du public, les idées deſavantageuſes qu'il s'en eſt formées ? N'eſt-ce pas là le moyen d'ajoûter à la conviction la preuve de leur mauvaiſe foi ?

K

Nous n'ignorions pas que la Société protegeoit ce coupable, & oprimoit les innocens; nous fçavions que c'étoit elle qui avoit employé tout ce que la fubornation a de plus violent pour nous incriminer, & pour lui procurer l'impunité de fes crimes; que c'étoit elle qui nous accabloit par le poids de fon credit & de fes intrigues; que c'étoit elle qui faifoit imprimer & répandre les Mémoires, qui fe donnoient tant de mouvemens pour en procurer la lecture : mais ici elle nous déclare qu'elle a pris fa défenfe : ceux qui ont compofé ce fecond Mémoire, avertiffent le public qu'ils le défendent par ordre de leurs Superieurs ; c'eft ainfi que la Société fe rend propres les crimes de l'Accufé ; c'eft ainfi qu'elle protege aujourd'hui ouvertement les crimes, puifque ceux de fon membre lui font fi connus. Tous les autres Ordres defavoüent d'abord ceux qui les deshonorent, & tirent même de la honte & de l'infamie de ceux-ci un nouveau luftre & une nouvelle gloire : la Société feule tient une conduite toute opofée, & il femble que plus un de fes Membres devient coupable, plus il fe rend digne de fon eftime & de fa protection, & tout fon credit n'eft plus employé que pour oprimer l'innocence ; il ne faut pas être furpris fi les exemples des Inceftes fpirituels fe multiplient tous les jours, & fi la furface de la Religion eft prête à en être inondée, fi l'Arrêt que la Cour rendra n'y met une digue.

Tout cela prouve donc invinciblement que le P. Girard eft convaincu de tous les crimes dont il eft accufé ; & de là il s'enfuit qu'il n'y a point de complot, & que la D. Cadiere, fes Freres, & le Prieur des Carmes, ne peuvent être condamnez à aucune peine ; car la Juftice connoît-elle d'autre complot que celui qui eft fait pour calomnier l'innocence ?

Mais fi le P. Girard fubit la peine de tous fes crimes, la D. Cadiere ne peut-elle pas être regardée comme complice, ou de fes irreligions, dans la vûë de paffer pour Sainte, ou bien de cet Incefte fpirituel ? Elle ne peut pas être regardée comme complice de fes irreligions, ni la foupçonner d'avoir voulu par là paffer pour Sainte, par trois raifons fans replique. La premiere, parce que tous ces faits extraordinaires font réels, & même avoüez par l'Accufé dans fes réponfes, où il convient de la verité de fes playes ou ftigmates, de fes transfigurations & de la connoiffance qu'elle avoit des confciences, comme nous l'avons prouvé, & encore qu'elle lui avoit raconté toutes les vifions contenuës dans fon Carême, à mefure qu'elle les avoit euës ; ainfi elle n'a pas fupofé ces faits extraordinaires, pour s'en faire une reputation de fainteté.

La feconde, parce que tous ces faits extraordinaires & ces vifions ne font que l'effet de l'obfeffion ou du Quiétifme, dans lefquels il l'avoit jettée ; de forte qu'il en fçavoit lui-même la veritable caufe, & elle l'ignoroit, & qu'il lui faifoit accroire que c'étoient là des prodiges de la grace, comme nous l'avons démontré.

La 3e. que la D. Cadiere avoit fi peu la paffion de vouloir paffer pour fainte, qu'au moment qu'elle fe trouva ces playes, elle y fit mettre des emplâtres par une femme, & la chargea d'en avertir le P. Girard ; & que celui-ci lui ayant perfuadé que c'étoient là des playes divines & des ftigmates, il lui fit ôter les emplâtres, lui défendit d'y en mettre, & *la reprit trés-feverement de fon peu de courage & de fon peu de foi* : cela fait voir que ce n'étoit pas elle qui vouloit paffer pour Sainte ; & ce qui ne permet pas d'en douter c'eft que d'une part il la força de faire le Mémoire du Carême, qui contient tous ces prétendus prodiges & revelations, & que par modeftie elle refufoit abfolument de le faire, ainfi qu'il eft juftifié par fes lettres ; qu'il fit encore faire un autre Mémoire à la Maîtreffe des Novices d'Ollioules, & qu'il avoit dit à celle-ci *qu'il ramaffoit toutes ces Pieces pour fervir unjour à l'édification du public* & que de l'autre, le 7e. Juillet, jour de la transfiguration, il dit aux Religieufes *de conferver foigneufement l'eau dont on avoit lavé le vifage enfanglanté de fa Penitente,* parce qu'elle *feroi des miracles, que celle-ci en avoit déja fait à Toulon,* & refufoit l'abfolution à ceux qui n'y croyoient pas.

Elle ne peut pas non plus être regardée comme la complice puniffable de l'Incefte fpirituel ; foit parce qu'il ne l'a feduite qu'à la faveur des pernicieufes maximes du Quiétifme, foit parce qu'au commencement, pendant long-tems, & jufqu'au jour de la difcipline, il n'en avoit abufé que dans le tems d'une extafe ou d'un accident qu'elle étoit hors de fes fens ; & qu'enfuite il lui avoit fauffement perfuadé qu'il n'y avoit là aucun peché, & que c'étoient *des attouchemens de l'amour divin*, comme nous l'avons si bien prouvé ; de sorte qu'il est ici le seul coupable, & le seul qui doit être puni. En effet, le même Arrêt qui condamna au feu Loüis Gauffridy, fils d'un Berger de Beauveser, pour l'Inceste spirituel qu'il avoit commis avec Magdelaine de la Palud sa Penitente, mit celle-ci hors de Cour & de Procés ; & les Penitentes que Molinos avoit abusées, furent-elles comprises ni dans les poursuites, ni dans la condamnation de cet heretique incestueux, quoi qu'elles se fussent livrées à lui avec plus de connoissance que n'a fait la Demois. Cadiere. Enfin, nulle plainte contre elle, nul accusateur, &c.

Dans ce moment il vient de paroître un nouveau Mémoire du P. Girard, de huit pages ; fait principalement sur *le Mémoire du Carême* ; & comme on ne fait qu'y repeter ce qu'on a déja dit plus au long dans son second Memoire, & que nous avons si invinciblement détruit par nôtre Réponse, nous n'avons pas besoin d'y en faire une autre en particulier ; nous remarquerons seulement ici en passant, que c'est un argument bien faux de la part des Jesuites, de dire que parce qu'il y a dans le Carême, des propositions qui ne sont pas Quiétistes, comme ils prétendent que sont celles qu'ils raportent, il s'ensuit donc qu'on n'en peut tirer aucune preuve de Quiétisme, comme si pour convaincre une personne d'être Quiétiste, il falloit lui prouver que toutes les propositions renfermées dans son ouvrage, sont Quiétistes : car ne suffit-il pas qu'il y ait des propositions infectées de Quiétisme, pour que l'Auteur soit convaincu de cette heresie ? En effet dans tous les ouvrages de Molinos, on ne trouve que soixante-huit propositions qui en sont extraites, qui furent declarées propositions Quiétistes ; cependant tous ses ouvrages en furent-ils moins condamnés ? Ainsi pour convaincre le P. Girard d'être un Quiétiste, il nous suffit d'extraire de ses lettres, ou de celles de la Cadiere, ou du Carême, ou des depositions des Témoins, des propositions tout-à-fait conformes à celles que la Bulle d'Innocent XI. a condamnées des ouvrages de Molinos, & c'est ce que nous avons fait par un parallele qui est sous la presse, & qui mettra ce point dans une évidence extrême.

Au reste c'est bien mal à propos que les Jesuites s'avisent de se plaindre de ce que ce procés, disent-ils, *qui devoit être enseveli dans le fonds du Palais*, a éclaté par tout, par les impressions que nous avons fait faire de nos Mémoires, & même de nos Requêtes ; qu'il y a de l'affectation dans une pareille conduite, & que nous avons deffendu cette cause avec trop de licence.

1°. Si cet éclat leur fait de la peine, que ne laissoient-ils ce mystere d'iniquité enseveli dans des tenebres éternelles ? pourquoi forçoient-ils cette pauvre fille à le manifester par l'accedit de l'Official, qu'ils firent faire chez elle ? Pourquoi refusoient-ils le seul moïen d'en éteindre la honte, que le Deffenseur de la Cadiere, avant que de se charger de cette affaire, comme Sindic des Avocats, leur fit proposer ? Ils sont donc les seuls auteurs de cet éclat.

2°. Si la Demoiselle Cadiere a fait imprimer ses Mémoires & mêmes ses Requêtes, c'est parce qu'étant detenuë dans un Monastere, & maintenant dans une prison, & n'ayant pas la liberté d'instruire elle-même Messieurs les Juges, falloit-il bien necessairement qu'elle fit imprimer ses deffenses & ses Requétes, pour pouvoir suppléer au deffaut de sa voix.

3°. Les Jesuites n'ont-ils pas fait imprimer eux-mêmes de leur côté, avec cette difference, que nous n'avons mis sous la presse que des veritez & des deffenses que nous soûtenons par nos seings ; au lieu que les Jesuites ont fait imprimer non seulement des Mémoires qui ne sont pleins que d'impostures & des faussetez ; mais encore des Libelles diffamatoires anonimes, qu'ils composent & qu'ils distribuent (suivant leur coûtume) & dont ils font un infame commerce, même dans leur Sacristie, au grand scandale du public, & au mepris de toutes les regles de la Police & de la Justice ? Tout cela prouve quel est le genie de la Société, quels sont les talens de plusieurs de ses membres, & combien de monstres elle renferme dans son sein. Le public y est accoûtumé, il a vû dans tous les tems que les Jesuites ont vomi des injures grossieres contre les Avocats qui ont prêté leur ministere contr'eux, & il les a regardées comme un sujet de loüange pour ceux-ci. En effet, quel est l'Avocat adverse de ces Peres qui ne se crût pas deshonnoré par leurs loüanges ?

Si cette affaire de la part de la D. Cadiere, de ses Freres & du Prieur des Carmes, a été deffenduë avec une vigueur superieure à la deffense des affaires communes, la Societé s'en doit prendre à elle même. Si elle avoit d'abord desavoué ce membre gâté, comme elle devoit faire, & comme tout autre Corps auroit fait, nous n'aurions employée contre lui qu'une défense ordinaire ; mais quand nous avons vû qu'elle a aprouvé tous ses crimes ; qu'elle a accablé ses Parties sous le poids de son énorme credit, & d'une cabale formidable ; qu'elle a employé les voyes les plus odieuses, & les artifices les plus iniques pour les oprimer, pour les perdre, & pour lui immoler leur innocence, l'interêt public, & la Religion même ; toute voye ne nous est-elle pas devenuë licite, & même necessaire ? N'avons-nous pas dû employer toute la force de la parole & toute la liberté de nôtre ministere, pour défendre des interêts si chers contre une vexation si inique & sans bornes ? Ne nous serions-nous pas rendus indignes de ce ministere si noble & si glorieux, si par une prevarication ou une lâcheté honteuse, nous avions negligé quelque moyen de combatre & de confondre le crime, & de défendre l'innocence opprimée, le public & la religion, dans un peril si évident ?

Cette cause presente deux objets bien differens ; là c'est un Directeur incestueux ; un prévaricateur dans le ministere sacré ; un corrupteur de la foi & de la morale de J. C. un profanateur de ses Sacremens, dont l'Univers, la Religion, & Dieu même, demandent la punition. Ici c'est une famille honnête, absolument desolée, à qui la Societé ravit son honneur & son bien, qu'elle lui fait dissiper en frais. C'est une Fille infortunée, dont toute la faute est le crime de son Directeur ; une Fille, qui après avoir mené une vie irreprochable & vertueuse jusqu'à l'âge de 19. ans, de l'aveu même de ses ennemis, a eu le malheur de devenir l'innocente victime d'un Confesseur vicieux & corrompu, qui l'a seduite sous les aparences de la vertu & de la religion, & qui a été forcée de manifester sa honte. N'est-ce pas assez qu'elle reste deshonorée sans resource ; qu'elle consume dans la poursuite de ce honteux Procès, son legs & son bien, sans autre espoir que celui d'épargner aux autres personnes de son Sexe de pareils malheurs ? Veut-on encore lui arracher la vie, qu'on lui a déja renduë si amere ? Quel objet fut jamais plus digne de la compassion publique, & de la protection de la Justice La Societé croit-elle que la proscription de l'innocence, justifieroit ce Membre criminel ? Ignore-t-elle que tout le sang innocent de la famille de Cadiere, & du Prieur des Carmes, ne seroit pas capable d'effacer le moindre des crimes de l'Accusé, & qu'il en seroit même pour elle un nouveau encore plus noir ? Le glaive de la Justice pourroit-il se méprendre, & fraper la tête de l'innocent, au lieu de celle du coupable ? Ce jour funeste, qui seroit pour la verité, la Religion & le public, un sujet de deüil éternel, n'est pas à craindre d'un Tribunal si éclairé, & si integre : Nous esperons que celui de l'Arrêt sera un jour de consolation pour les gens de bien, & de terreur pour les mechans, dont la gloire passera jusqu'à la derniere posterité ; un jour le plus agreable à l'Auteur de toute verité, & de toute justice : *non est gratior Deo victima, quam reus iniquus* ; & que les noms des Magistrats qui lui auront offert cette victime, deviendront des noms immortels, qui seront à jamais en veneration à tout l'Univers.

Conclud comme au procès.

CATHERINE CADIERE.

CHAUDON Avocat.

AUBIN Procureur.

Monsieur le Conseiller de VILLENEUVE D'ANSOUIS, *Raporteur.*